BESTACTIVITYBOOKS.COM

Copyright © 2022 LINGUAS CLASSICS

PRIMA EDIZIONE 2022

Illustrazione Grafica Extra: www.freepik.com
Grazie a Alekksall, Starline, Pch.vector, Rawpixel.com, Vectorpocket, Dgim-studio, Upklyak, Macrovector, Stockgiu, Pikisuperstar & Freepik.com Designers

Scoprire i Giochi Gratuiti Online

Disponibile Qui:

BestActivityBooks.com/FREEGAMES

5 CONSIGLI PER INIZIARE

1) COME RISOLVERE LE PAROLE INTRECCIATTE

I puzzle hanno un formato classico:

- Le parole sono nascoste senza spazi o trattini,...
- Orientamento: Le parole possono essere scritte in avanti, indietro, verso l'alto, verso il basso o in diagonale (possono essere invertite).
- Le parole possono sovrapporsi o intersecarsi.

2) APPRENDIMENTO ATTIVO

Accanto ad ogni parola c'è uno spazio per scrivere la traduzione. Per incoraggiare l'apprendimento attivo, un **DIZIONARIO** alla fine di questa edizione vi permetterà di controllare e ampliare le vostre conoscenze. Cerca e scrivi le traduzioni, trovale nel puzzle e aggiungile al tuo vocabolario!

3) SEGNARE LE PAROLE

Puoi inventare il tuo sistema di segni. Forse ne usi già uno? Per esempio, puoi segnare le parole difficili da trovare con una croce, le parole preferite con una stella, le parole nuove con un triangolo, le parole rare con un diamante, e così via.

4) STRUTTURARE L'APPRENDIMENTO

Questa edizione offre un **TACCUINO** alla fine del libro. In vacanza, in viaggio o a casa, puoi organizzare facilmente le tue nuove conoscenze senza bisogno di un secondo quaderno!

5) AVETE FINITO TUTTE LE GRIGLIE?

Nelle ultime pagine di questo libro, nella sezione della **SFIDA FINALE**, troverete un gioco gratuito!

Facile e veloce! Dai un'occhiata alla nostra collezione di libri di attività per il tuo prossimo momento di divertimento e **apprendimento,** a portata di clic!

Trova la tua prossima sfida su:

BestActivityBooks.com/MioProssimoLibro

Ai vostri posti, pronti...Via!

Sapevi che ci sono circa 7.000 lingue diverse nel mondo? Le parole sono preziose.

Amiamo le lingue e abbiamo lavorato duramente per creare libri di altissima qualità. I nostri ingredienti?

Una selezione di argomenti adatti all'apprendimento, tre buone porzioni di intrattenimento, una cucchiaiata di parole difficili e una spolverata di parole rare. Li serviamo con amore e entusiasmo in modo che tu possa risolvere i migliori giochi di parole e divertirti imparando!

La vostra opinione è essenziale. Puoi partecipare attivamente al successo di questo libro lasciandoci un commento. Ci piacerebbe sapere cosa ti è piaciuto di più di questa edizione.

Ecco un link veloce alla pagina dell'ordine:

BestBooksActivity.com/Recensione50

Grazie per il vostro aiuto e buon divertimento!

Tutta la squadra

1 - Scacchi

임	즐	기	구	시	수	챔	토	킹	뽐	렵	춤	핑	구	기	야
식	진	규	희	각	수	피	너	츠	렵	뽐	가	기	투	권	서
관	구	칙	게	생	블	언	먼	이	캠	포	플	레	이	어	원
상	술	술	뽐	임	랙	가	트	낚	봉	임	춤	법	활	낚	심
공	대	예	림	낚	물	농	마	편	활	여	진	마	법	원	서
구	그	편	하	얀	활	진	마	구	물	이	략	다	원	진	재
예	서	스	기	수	원	스	포	춤	게	도	전	여	사	그	편
원	공	동	춤	권	농	핑	킹	진	도	활	진	야	임	퍼	하
낚	동	수	서	수	이	뽐	권	시	이	사	야	휴	렵	투	기
캠	핑	퍼	수	하	포	물	퍼	독	재	공	서	기	휴	렵	술
낚	야	동	편	동	봉	예	투	여	핑	권	퍼	마	시	림	원
공	관	법	봉	그	수	다	수	대	림	퀸	퍼	동	법	춤	구
수	물	권	봉	독	츠	킹	법	각	수	동	태	술	원	대	투
독	포	게	야	재	낚	마	임	선	츠	진	원	게	왕	회	법
핑	포	야	즐	포	렵	재	림	봉	영	리	한	림	서	마	서
즐	여	즐	농	술	휴	이	스	스	여	재	물	재	마	마	킹

상대	블랙
하얀	수동태
챔피언	규칙
대회	희생
대각선	도전
플레이어	전략
게임	시각
영리한	토너먼트

포	림	휴	다	관	즐	핑	임	예	동	재	캠	원	렵	춤	임
권	캠	사	시	도	서	핑	림	술	시	공	그	핑	휴	휴	야
렵	재	림	감	봉	렵	다	탈	수	임	공	포	마	마	낚	농
원	수	가	법	염	게	여	림	병	원	해	술	가	편	예	마
건	강	한	시	다	다	관	시	그	법	낚	관	부	칼	로	이
야	독	여	재	수	이	야	권	봉	하	렵	림	게	식	야	기
관	츠	뿜	활	포	하	어	낚	이	피	위	생	츠	욕	렵	물
킹	춤	기	캠	림	킹	수	트	춤	야	동	법	포	독	게	수
마	휴	수	공	포	구	술	림	다	킹	구	마	킹	예	예	술
스	공	수	활	서	수	식	즐	동	임	핑	활	진	스	동	농
봉	법	무	비	타	민	휴	편	권	서	마	그	독	진	소	기
영	양	게	휴	퍼	봉	동	캠	식	편	독	독	심	시	화	진
시	질	병	다	기	예	술	스	알	레	르	기	진	다	낚	이
다	독	재	몸	렵	즐	뿜	예	기	식	킹	춤	즐	동	동	게
게	동	임	춤	마	사	지	너	에	공	킹	그	술	농	림	편
수	유	전	학	술	야	서	공	진	여	물	즐	예	원	즐	도

알레르기	위생
해부	감염
식욕	질병
칼로리	마사지
다이어트	영양
소화	병원
탈수	무게
에너지	건강한
유전학	비타민

3 - Aggettivi #2

```
동 춤 농 퍼 정 자 게 활 심 예 뽐 춤 다 권 짠 권
우 아 한 서 통 활 연 사 그 재 원 츠 순 수 한 마
원 원 강 예 기 식 자 스 원 투 극 핑 공 여 봉 가
캠 포 건 술 그 수 랑 러 이 적 조 창 게 수 로 스
그 심 생 산 권 렵 독 스 운 인 활 투 시 편 춤 재
즐 동 물 재 야 봉 동 편 사 운 마 즐 독 낚 여 마
야 이 심 츠 술 여 투 뽐 낚 사 흥 독 핑 로 운 그
서 법 재 임 활 독 킹 공 사 운 독 핑 림 수 서 법
야 독 독 킹 수 야 츠 봉 공 로 술 정 상 춤 스 예
즐 독 심 하 관 시 도 렵 설 마 정 림 도 시 하 림
심 동 활 이 봉 즐 공 즐 림 명 사 상 춤 뽐 농 달
사 하 예 배 물 그 츠 술 사 물 츠 법 즐 공 강 콤
다 심 춤 고 법 가 시 츠 법 렵 야 포 게 춤 한
심 이 렵 픈 진 수 도 사 권 술 른 즐 식 기 권 봉
춤 책 가 마 동 물 여 독 그 렵 수 그 휴 강 봉 림
렵 임 서 여 춤 법 투 사 낚 핑 유 명 한 한 콤 달
```

배고픈
마른
정통
창조적
설명
달콤한
극적인
우아한
유명한
강한

흥미로운
자연스러운
정상
새로운
자랑스러운
생산적인
순수한
책임
건강한

4 - Ingegneria

도	낚	편	포	낚	독	예	물	수	다	즐	힘	관	캠	원	심
심	식	동	킹	동	구	권	편	도	식	쁨	공	술	진	여	법 게 식
핑	계	모	킹	킹	가	그	원	지	법	동	서	동	퍼	심	기 서 수
동	산	시	구	조	농	휴	마	마	하	축	여	기	기	독	심 마 예 법
계	즐	공	서	수	도	법	진	마	포	여	캠	림	독	공	심 마 여 활 스
기	스	공	원	활	진	다	임	림	야	캠	액	마	공	에	너 지 이 편
다	어	야	물	활	술	렵	스	농	물	액	체	예	에	사	너 지 이 지
핑	사	캠	시	투	퍼	춤	임	기	캠	체	예	사	지	이	쁨 가 낚
하	마	봉	게	사	법	츠	림	낚	공	마	예	지	편	쁨	가 이 렵 심
가	물	여	사	동	추	스	기	법	마	농	사	이	낚	가	이 렵 수 동
심	재	춤	식	다	진	퍼	권	즐	농	춤	예	진	깊	수	분 포 공 심
회	구	도	그	성	퍼	도	권	권	편	이	디	재	재	투	포 공 심 각
전	핑	법	활	측	정	표	기	투	이	젤	관	예	심	수	동 림 도 캠
식	수	투	기	동	안	법	츠	재	법	관	도	원	다	동	림
편	포	식	임	킹	예	봉	건	설	캠	도	구	쁨	사	각	도 캠
투	사	공	공	농	법	낚	여	림	예	구	쁨	사	림	렵	

각도
계산
건설
도표
지름
디젤
분포
에너지
기어

액체
기계
측정
모터
깊이
추진
회전
안정성
구조

5 - Archeologia

예	술	다	법	퍼	편	캠	캠	휴	야	화	석	술	사	핑	킹
시	농	진	시	낚	핑	봉	도	츠	식	권	춤	춤	서	다	휴
관	대	림	활	림	관	캠	킹	도	야	츠	사	서	휴	낚	권
뽐	고	원	재	예	공	물	림	마	야	캠	즐	임	포	이	심
법	뼈	즐	캠	킹	심	킹	진	스	즐	하	술	마	이	즐	퍼
핑	수	즐	스	이	야	렵	기	포	킹	봉	핑	공	법	봉	봉
여	캠	도	마	렵	독	퍼	물	재	기	캠	사	편	예	포	법
분	석	농	기	하	게	게	투	관	법	활	물	휴	가	시	캠
시	다	림	팀	원	물	이	후	손	활	물	유	춤	물	재	권
권	심	츠	구	게	임	명	여	원	재	수	관	법	포	농	림
킹	이	물	킹	활	전	문	가	춤	뽐	가	여	게	연	구	원
심	진	공	예	심	심	가	평	가	원	원	림	마	즐	봉	마
동	권	하	무	포	술	캠	사	법	잊	혀	진	서	낚	심	즐
춤	재	봉	덤	킹	구	심	독	봉	교	절	기	렵	춤	기	권
야	캠	진	퍼	다	봉	퍼	뽐	재	수	신	투	게	심	기	포
낚	다	핑	심	사	임	독	수	즐	물	비	권	퍼	예	농	다

분석	화석
고대	신비
도기	사물
문명	교수
잊혀진	유물
후손	연구원
시대	무덤
전문가	평가

6 - Salute e Benessere #1

약	키	편	공	킹	게	마	진	도	재	습	진	렵	재	퍼	킹
수	국	야	캠	재	춤	박	테	리	아	퍼	관	신	경	임	춤
관	농	활	편	진	다	봉	도	구	사	봉	진	다	림	가	도
킹	식	킹	수	기	심	그	관	츠	치	료	구	이	낚	요	법
서	관	도	가	게	구	핑	게	이	재	농	술	하	독	퍼	권
투	핑	킹	식	심	투	여	심	렵	야	법	투	관	뿜	림	퍼
즐	기	관	활	동	적	인	그	킹	수	심	핑	가	이	봉	법
포	독	핑	바	농	서	술	심	재	진	법	재	휴	야	독	피
춤	킹	휴	이	심	골	절	예	포	기	게	원	구	기	렵	부
예	근	식	러	기	쁨	약	즐	원	하	도	낚	권	그	기	스
술	육	원	스	식	하	재	핑	낚	포	술	퍼	술	낚	도	즐
심	물	자	호	르	몬	낚	킹	진	재	편	림	술	투	서	예
진	렵	원	세	즐	진	권	낚	마	여	재	포	핑	렵	편	시
료	휴	재	휴	물	의	활	여	진	그	야	뿜	다	기	권	스
소	사	동	기	재	사	반	그	퍼	독	구	춤	활	독	물	퍼
술	구	법	굶	주	림	관	봉	야	사	캠	기	스	춤	권	원

습관	신경
활동적인	호르몬
박테리아	피부
진료소	자세
굶주림	반사
약국	휴식
골절	요법
의사	치료
근육	바이러스

7 - Aggettivi #1

핑	순	공	어	린	여	예	식	스	관	방	하	물	마	즐	원
예	수	림	운	심	핑	술	농	권	대	현	향	쁨	독	임	투
요	한	창	거	스	퍼	진	물	휴	한	야	서	족	림	스	낚
퍼	중	포	무	야	활	스	쁨	물	대	임	진	독	법	임	법
봉	귀	진	퍼	구	그	투	그	식	거	다	낚	도	킹	재	마
킹	도	심	서	권	포	핑	물	독	가	캠	재	하	마	사	공
법	물	진	춤	재	츠	핑	투	낚	느	활	진	이	사	즐	퍼
재	독	동	춤	공	춤	게	다	진	린	동	심	여	렵	츠	낚
츠	식	독	동	렵	츠	쁨	정	직	한	적	술	예	쁨	독	쁨
서	물	활	사	그	렵	림	쁨	식	동	인	즐	렵	휴	공	관
하	구	그	포	게	동	퍼	편	다	적	예	사	야	원	핑	핑
봉	동	춤	다	심	일	얇	은	사	즐	국	공	봉	임	봉	봉
봉	진	스	여	법	동	림	퍼	핑	권	이	예	재	투	킹	킹
물	완	예	이	춤	물	킹	진	권	활	그	렵	관	즐	큰	춤
긴	예	벽	예	기	심	츠	권	춤	편	진	관	킹	진	다	다
포	농	렵	한	여	사	예	원	활	법	이	식	가	임	쁨	스

거창한
방향족
예술적
순수한
활동적인
거대한
이국적인
관대 한
어린

동일
중요
느린
현대
정직한
완벽한
무거운
귀중한
얇은

8 - Geologia

사	고	봉	스	기	게	식	돌	동	춤	스	크	물	이	재	관
법	원	관	춤	핑	그	렵	핑	서	공	활	리	식	편	활	가
이	임	춤	편	서	용	재	포	다	퍼	법	스	구	화	산	여
포	마	가	식	물	암	임	퍼	시	간	탈	권	이	봉	구	게
가	예	츠	이	봉	핑	게	게	동	헐	하	탄	서	관	퍼	퍼
활	림	활	마	법	독	술	낚	도	천	림	산	원	여	그	그
농	시	수	킹	렵	농	수	임	임	다	독	수	츠	퍼	독	독
칼	숨	원	림	재	림	부	도	물	임	낚	뽐	원	식	뽐	뽐
공	다	그	기	구	원	공	식	활	투	관	다	수	축	렵	렵
수	법	스	스	춤	물	스	농	식	하	예	퍼	투	춤	소	소
뽐	예	원	즐	도	임	공	관	지	야	재	기	종	수	금	금
독	관	술	사	진	식	구	진	구	석	스	유	석	법	게	게
이	핑	식	권	뽐	퍼	여	대	뽐	킹	하	사	영	층	서	서
뽐	즐	예	시	낚	공	게	봉	스	서	여	순	킹	관	관	관
도	마	편	휴	캠	동	산	륙	킹	여	석	낚	관	사	춤	춤
가	포	퍼	뽐	킹	춤	포	즐	서	가	재	관	게	독	여	여

고원
칼슘
동굴
대륙
산호
크리스탈
부식
화석
간헐천

용암
탄산수
석영
소금
석순
종유석
지진
화산

9 - Campeggio

예	사	춤	물	재	이	휴	카	누	술	투	동	킹	야	예	투
물	림	구	쁨	미	이	게	활	핑	밧	게	쁨	수	사	법	술
하	재	예	도	스	여	도	하	기	줄	재	나	구	권	킹	도
림	재	사	진	물	불	권	여	하	이	독	기	침	동	물	그
마	편	야	휴	봉	동	휴	춤	수	낚	구	게	캠	반	쁨	야
곤	충	달	낚	농	공	서	렵	구	농	마	편	원	휴	투	림
춤	활	마	사	여	하	험	투	쁨	해	관	츠	투	야	시	낚
식	심	야	시	그	나	모	봉	핑	먹	이	수	낚	다	하	쁨
진	구	여	마	자	무	자	지	핑	시	활	텐	트	킹	그	쁨
마	휴	재	퍼	연	임	봉	도	캠	춤	포	낚	휴	낚	공	그
캠	게	춤	마	포	퍼	렵	호	편	게	관	서	구	활	관	야
봉	다	낚	물	서	관	물	수	휴	공	스	가	하	쁨	공	도
구	편	재	농	물	츠	수	캐	숲	산	구	퍼	춤	킹	킹	도
그	낚	킹	가	야	즐	원	렵	빈	동	시	림	서	낚	야	술
물	활	즐	관	심	수	이	예	독	권	권	투	농	동	야	킹
동	재	편	이	야	진	스	수	진	진	식	도	구	수	독	사

나무
해먹
동물
모험
나침반
캐빈
수렵
카누

모자
밧줄
재미
곤충
호수
지도
자연
텐트

10 - Arti Visive

도	포	예	원	구	가	다	초	동	마	예	술	가	농	술	즐
여	사	캠	식	여	시	게	술	상	여	독	렵	춤	캠	구	권
식	마	사	식	공	독	구	농	심	화	핑	렵	식	술	하	포
사	뿜	게	서	다	그	성	원	법	기	농	퍼	공	투	재	심
가	권	시	다	법	임	화	펜	마	예	낚	가	투	그	동	다
편	독	진	권	휴	핑	가	캠	공	편	핑	렵	독	임	야	숫
가	예	다	휴	춤	활	림	심	림	술	서	기	야	법	캠	원
활	활	임	조	그	게	게	핑	낚	게	독	수	렵	법	걸	예
뿜	스	다	기	각	기	핑	가	임	사	활	사	진	사	작	동
공	다	임	공	낚	바	법	도	시	핑	렵	가	퍼	퍼	필	하
점	관	동	스	법	니	편	즐	임	츠	여	권	야	기	름	하
구	토	다	휴	식	시	술	도	기	게	춤	낚	도	도	권	도
그	재	하	연	렵	캠	킹	렵	수	권	관	동	퍼	즐	다	킹
시	낚	퍼	필	동	수	가	스	야	기	도	편	이	휴	하	창
법	가	시	밀	랍	분	필	텐	농	야	물	츠	야	권	마	의
사	뿜	건	축	학	그	킹	실	수	법	권	도	도	술	야	성

건축학	필름
점토	사진
예술가	분필
걸작	연필
화가	관점
밀랍	초상화
도기	조각
구성	스텐실
창의성	바니시

11 - Tempo

마	게	그	이	일	늘	하	원	곧	관	가	여	년	다	캠	공
임	하	이	권	정	오	가	스	재	포	동	도	권	렵	재	주
가	퍼	시	물	춤	권	퍼	임	서	식	쁨	춤	편	예	캠	재
도	사	퍼	시	술	구	식	이	킹	공	관	식	시	임	림	사
원	시	마	간	재	림	낚	동	수	캠	관	야	마	마	쁨	재
전	시	후	핑	분	독	휴	캠	농	즐	하	휴	연	간	츠	서
심	에	계	츠	수	식	시	가	활	춤	렵	심	투	구	수	여
술	캠	도	기	임	활	원	재	퍼	수	킹	캠	달	세	편	낚
쁨	서	투	물	기	캠	시	이	밤	독	포	법	기	야	야	야
렵	춤	하	스	춤	관	하	편	츠	쁨	그	이	츠	여	술	게
다	물	공	캠	스	마	술	사	마	이	법	월	수	렵	법	식
수	공	야	기	심	마	낚	낚	서	식	이	그	공	어	농	식
림	림	도	서	예	독	포	십	년	캠	포	어	수	포	킹	야
도	다	예	법	핑	야	시	휴	미	래	진	투	봉	제	여	이
물	츠	도	휴	여	도	진	가	독	독	임	기	편	캠	여	핑
캠	도	그	게	이	진	시	술	원	아	침	핑	편	서	동	다

연간   정오
달력   오늘
십년   시간
미래   시계
어제   전에
아침   세기

12 - Astronomia

뽐	마	춤	활	투	봉	동	편	스	낚	사	게	가	편	기	코
렵	사	여	관	낚	사	도	마	여	수	춤	렵	스	하	원	스
기	기	도	퍼	투	유	성	캠	춤	진	츠	동	관	은	늘	모
성	소	로	켓	천	예	수	물	다	츠	관	수	법	술	공	스
신	운	행	수	문	별	자	리	츠	수	스	예	그	다	퍼	퍼
초	봉	물	성	학	게	시	시	법	수	법	마	심	여	식	그
물	다	핑	행	자	핑	쁨	쁨	술	권	구	봉	중	력	게	공
이	식	식	포	핑	춤	춤	춤	시	임	동	구	물	원	물	춘
법	포	봉	춤	춤	마	관	재	수	식	킹	츠	관	핑	독	분
투	쁨	다	핑	구	식	그	그	쁨	야	렵	편	망	임	도	춤
농	사	도	핑	예	동	쁨	쁨	휴	마	도	수	즐	원	경	도
스	방	사	진	즐	포	여	원	하	농	다	전	술	다	춤	낚
하	스	가	사	시	봉	술	예	가	관	사	망	이	권	다	구
킹	심	사	공	진	심	우	주	비	행	망	대	술	하	활	야
다	봉	임	스	핑	심	도	우	권	츠	심	망	임	하	지	도
춤	시	여	서	예	수	포	츠	이	이	활	재	권	달	구	하

소행성
우주 비행사
천문학자
하늘
코스모스
별자리
춘분
은하
중력
유성

성운
전망대
행성
방사
로켓
초신성
망원경
지구
우주

13 - Algebra

진	식	야	문	하	진	다	투	림	수	스	이	다	휴	다	핑
춤	다	임	제	단	순	화	권	진	핑	뽐	법	츠	동	술	여
스	뽐	시	즐	캠	수	식	렵	캠	스	행	휴	편	츠	투	하
즐	시	사	독	투	동	다	다	서	이	즐	렬	하	농	즐	공
영	권	원	활	원	다	마	공	농	공	공	무	한	해	결	책
방	정	식	선	형	그	래	프	원	기	즐	한	수	독	예	하
거	짓	괄	호	퍼	야	야	임	스	구	춤	수	여	멕	예	렵
마	편	예	퍼	구	야	가	편	빼	기	다	술	휴	지	그	원
이	림	서	사	이	포	사	진	림	활	기	다	원	수	서	편
예	원	관	캠	동	림	기	독	공	투	하	봉	스	이	가	이
구	렵	기	농	원	시	진	킹	기	재	재	하	농	사	포	퍼
도	표	낚	핑	수	심	술	독	즐	식	즐	스	진	편	츠	진
진	이	요	도	독	렵	물	술	마	낚	퍼	츠	캠	편	수	재
독	이	인	이	예	예	도	휴	재	구	게	진	편	농	하	심
진	양	춤	봉	동	예	여	스	낚	뽐	캠	스	분	관	야	사
서	그	하	시	구	권	림	킹	즐	사	분	관	수	수	변	다

도표	선형
방정식	행렬
멱지수	괄호
거짓	문제
요인	단순화
수식	해결책
분수	빼기
그래프	변수
무한	

14 - Mitologia

```
신 예 임 관 미 휴 킹 사 사 그 도 킹 휴 재 포 농
념 진 물 공 궁 농 권 구 하 영 힘 독 관 구 복 춤
마 즐 예 예 츠 이 생 불 츠 원 웅 투 다 시 수 림
야 렵 야 술 휴 가 물 사 게 춤 법 공 수 권 농 하
구 투 낚 구 사 츠 여 전 진 봉 서 킹 편 게 활 츠
번 그 츠 농 심 야 임 림 캠 이 마 임 창 행 춤 휴
기 개 관 관 낚 원 형 시 질 투 술 심 조 동 야 핑
괴 물 핑 진 수 도 이 그 낚 킹 전 마 마 낚 의 하
게 이 투 하 사 그 캠 동 수 전 킹 심 낚 핑 독 문
서 투 편 렵 천 공 원 진 기 농 츠 수 핑 재 화 캠
농 활 야 투 게 둥 권 권 물 투 봉 수 공 진 가 물
투 시 퍼 사 술 관 킹 예 봉 낚 예 림 수 가 법 예
핑 여 하 도 킹 동 구 시 임 식 투 수 심 공 예 공
활 진 다 이 공 구 물 사 기 하 즐 공 원 심 다 사
낚 쁨 야 공 츠 가 서 권 이 도 재 예 식 식 권 예
뿜 투 퍼 해 렵 게 수 재 해 낚 시 포 여 사 권 예
```

원형	질투
행동	전사
생물	불사
창조	미궁
신념	전설
문화	마법의
재해	괴물
영웅	천둥
번개	복수

15 - Piante

하	마	즐	농	예	림	츠	편	편	예	그	독	물	뿌	식	퍼
하	그	심	투	도	춤	스	츠	재	여	술	마	성	리	시	즐
서	투	법	식	법	구	봉	재	그	캠	림	그	장	아	캠	물
시	가	독	즐	여	공	휴	가	포	그	식	핑	하	편	이	기
콩	꽃	나	구	여	마	캠	퍼	서	즐	공	활	다	권	농	비
츠	츠	무	선	인	장	여	다	수	사	그	도	심	즐	이	휴
숲	구	나	동	캠	권	원	공	다	다	물	여	낚	츠	도	그
마	츠	대	킹	휴	캠	가	부	식	휴	술	원	하	가	마	춤
임	꽃	투	동	권	기	독	시	진	동	기	재	편	다	동	투
플	잎	가	사	잔	독	진	구	식	야	퍼	재	기	쁨	재	다
로	춤	편	봉	디	정	원	퍼	식	기	스	휴	가	편	임	원
라	심	투	가	원	마	수	핑	여	비	봉	하	식	시	그	퍼
진	서	원	이	림	낚	사	이	스	료	잎	베	물	독	편	진
스	예	퍼	관	끼	시	게	다	초	투	가	리	학	렵	마	봉
사	사	하	킹	진	수	시	야	목	임	하	활	낚	야	진	시
킹	동	농	사	퍼	그	야	편	심	쁨	독	하	진	이	임	캠

나무
베리
대나무
식물학
선인장
부시
성장하다
아이비

잔디
비료
플로라
정원
이끼
꽃잎
뿌리
초목

16 - Spezie

독	즐	활	휴	포	뽐	권	여	동	소	활	시	포	회	향	휴
농	원	그	야	쓴	임	관	술	법	금	야	농	독	진	구	서
사	핑	봉	림	후	추	진	식	공	식	예	이	구	아	니	여
프	야	진	킹	낚	사	여	시	동	동	킹	원	그	게	사	가
란	핑	리	스	감	식	이	낚	농	농	츠	뽐	물	사	이	스
파	프	마	카	초	독	다	스	커	민	투	이	야	식	뽐	활
게	독	법	원	사	야	즐	식	림	동	심	게	핑	가	사	마
술	포	권	서	퍼	독	다	핑	동	여	캠	편	동	이	강	편
활	핑	즐	예	원	동	휴	캠	원	예	도	농	스	여	예	예
법	물	동	캠	임	법	이	그	다	법	시	독	술	생	몸	투
관	권	하	활	시	시	원	마	진	도	가	여	식	춤	물	림
이	권	농	스	농	즐	야	림	늘	술	게	카	르	다	물	독
달	바	계	피	포	봉	게	식	즐	심	공	농	수	게	구	육
콤	닐	핑	핑	포	고	수	카	황	뽐	여	예	예	구	재	두
한	라	권	휴	스	즐	투	레	진	원	양	식	구	하	농	구
법	심	휴	휴	봉	임	동	도	법	서	하	하	파	농	구	물

마늘
아니스
계피
카르다몸
양파
고수풀
커민
심황
카레
달콤한

회향
감초
육두구
파프리카
후추
소금
바닐라
사프란
생강

17 - Numeri

킹	활	법	사	십	마	아	수	게	킹	구	수	식	캠	춤	권	관
진	퍼	야	야	식	스	틴	홉	곱	마	즐	편	물	뿜	편	킹	서
투	하	낚	원	즐	즐	다	셋	일	물	권	팔	춤	시	일	곱	스
사	물	열	아	홉	심	섯	다	열	도	식	십	진	수	렵	활	공
캠	여	진	법	기	하	스	물	심	편	마	림	퍼	렵	야	휴	이
삼	퍼	진	여	낚	법	캠	캠	캠	임	기	수	도	술	사	츠	하
농	가	편	공	섯	진	뿜	술	술	투	식	물	뿜	포	피	춤	가
낚	츠	하	재	핑	기	춤	임	농	수	캠	독	술	봉	권	핑	사
마	야	야	물	권	춤	편	핑	즐	마	원	술	마	시	그	그	다
춤	낚	투	물	물	편	게	퍼	뿜	식	여	포	덮	킹	예	킹	진
시	스	하	농	식	스	편	킹	예	물	즐	시	뿜	게	게	휴	퍼
그	그	포	농	야	농	열	법	퍼	투	공	킹	렵	게	임	춤	기
독	두	림	기	법	영	두	마	포	식	공	뿜	수	임	하	술	
렵	활	기	예	예	핑	휴	사	뿜	츠	사	수	독	독	렵	퍼	기
기	그	술	휴	술	법	임	퍼	관	캠	식	독	휴	츠	렵	시	
재	동	술	즐	캠	게	도	원	물	이	농	휴	츠	시	기		

다섯
십진수
열아홉
열일곱
십팔
열두
아홉
여덟

십사
열 다섯
식스틴
여섯
일곱
열셋
스물

18 - Cioccolato

관좋아하는이예캐임진식임춤는사가
렵사캠구농국공러식관항츠렵있농휴편
수포성분원적물멜편법산캠이맛술퍼쓴춤
활그심이구인물마킹편화편이휴퍼투구
투킹예이임원스봉여기제구동원츠그봉킹
수독예예츠구사마법뿜장임수춤수임투
마여진낚칼로리봉콤한인하여관다서봉킹
캠재술그구코여원레쁨사여탕품이설땅
낚츠식림봉코림쁨시활구탕이질핑콩
하그공물물넛도즐피활다여서사렵
도킹츠진캠심림츠마림시시킹식렵동
독수휴진봉공봉렵활가재동봉림즐관
다원동도식여독게법루원편캠여재법
농춤독퍼다카퍼임야가농이권포렵동
진활도춤진카권낚게투권활공임관법
도렵쁨갈망오쁨포츠도야식즐휴관법

항산화제	달콤한
땅콩	이국적인
장인	성분
갈망	코코넛
카카오	가루
칼로리	좋아하는
사탕	품질
캐러멜	레시피
맛있는	설탕

19 - Guida

포	물	구	도	로	가	편	낚	오	토	바	이	그	낚	즐	뺌
브	레	이	크	지	그	렵	포	위	가	스	츠	교	통	야	농
퍼	마	츠	그	기	캠	퍼	기	휴	험	버	식	진	림	즐	즐
사	사	시	활	림	하	핑	물	예	하	독	하	농	심	서	림
봉	휴	봉	림	농	휴	차	속	도	림	독	포	봉	재	이	서
퍼	림	다	가	다	임	춤	낚	포	이	술	츠	게	사	술	포
렵	공	이	야	시	안	권	스	휴	공	식	퍼	포	여	춤	식
가	재	서	사	물	전	즐	보	행	자	서	주	의	식	농	낚
진	심	투	물	고	시	즐	독	렵	권	츠	가	즐	마	심	법
서	휴	임	관	차	임	그	이	즐	즐	법	공	여	권	농	농
예	림	시	예	이	재	다	심	림	편	캠	수	야	진	퍼	핑
다	심	게	서	권	가	사	즐	술	이	독	연	하	구	핑	술
임	경	찰	심	활	휴	구	가	심	예	서	료	서	렵	퍼	권
시	임	특	심	도	터	널	동	여	공	즐	하	임	다	기	낚
마	마	허	다	도	모	독	여	마	봉	스	농	야	스	휴	진
술	이	가	다	진	봉	여	가	관	구	술	원	물	권	농	투

주의
버스
연료
브레이크
차고
가스
사고
특허
지도
오토바이

모터
보행자
위험
경찰
안전
도로
교통
터널
속도

캠	공	심	사	게	야	도	법	츠	술	심	독	심	스	포	신
태	도	진	여	활	개	재	하	낚	통	사	실	렵	원	하	문
의	도	핑	츠	게	인	적	지	임	신	림	쁨	식	활	구	휴
가	견	공	포	춤	라	마	낚	즐	포	낚	심	물	야	진	림
텔	레	비	전	사	온	편	마	공	활	하	독	망	술	공	수
춤	동	츠	킹	킹	권	기	즐	여	투	렵	물	로	컬	도	이
예	여	가	임	도	디	독	술	판	도	쁨	봉	회	캠	법	춤
쁨	캠	쁨	동	진	지	활	법	다	이	이	심	그	기	스	즐
투	마	게	권	스	털	쁨	스	포	가	게	쁨	동	봉	도	서
임	가	낚	봉	다	쁨	스	캠	휴	봉	핑	츠	봉	스	권	권
시	림	활	쁨	공	자	식	편	포	물	마	봉	교	육	시	포
광	고	사	진	공	금	스	권	투	이	여	휴	핑	야	심	임
그	라	캠	공	의	조	여	물	마	식	식	동	동	독	원	여
여	술	디	야	투	달	재	기	포	낚	식	산	업	물	다	게
봉	가	춤	오	사	캠	휴	시	림	권	동	투	마	킹	다	렵
그	서	재	춤	공	림	여	가	킹	림	재	이	하	법	농	관

태도	산업
광고	지적인
통신	로컬
디지털	온라인
교육	의견
사실	공공의
자금 조달	라디오
사진	회로망
신문	텔레비전
개인	

21 - Sport

렵	관	임	수	여	공	예	공	춤	공	프	킹	포	법	림	심
림	진	원	심	포	권	농	렵	게	로	캠	사	이	클	링
뻠	원	코	림	선	재	공	수	뻠	렵	그	가	공	하	진	스
투	재	스	치	수	이	즐	마	수	건	램	하	여	다	트	레
농	츠	봉	렵	렵	기	심	물	츠	예	강	림	킹	이	법	칭
여	츠	그	관	활	투	시	시	도	사	물	조	수	어	캠	춤
핑	즐	퍼	임	포	재	재	도	뻠	근	육	수	몸	트	임	도
투	킹	독	도	그	하	춤	낚	가	농	구	농	기	법	뻠	법
핑	여	핑	여	법	춤	농	하	농	게	동	즐	편	관	휴	농
구	물	퍼	다	야	여	활	포	시	가	농	춤	관	임	권	활
킹	서	독	기	춤	독	낚	사	시	낚	식	이	렵	휴	캠	츠
법	공	스	렵	여	동	법	골	캠	동	게	여	최	임	권	하
공	마	투	즐	서	가	영	농	원	여	휴	동	대	뻠	핑	야
즐	기	법	능	권	원	양	스	서	심	츠	재	킹	권	캠	스
마	식	가	예	력	마	지	뻐	낚	포	투	캠	그	화	캠	구
하	심	뻠	힘	마	편	술	사	물	진	츠	그	진	심	구	스

코치	근육
선수	영양
능력	프로그램
사이클링	지구력
다이어트	건강
조깅	스포츠
최대화	스트레칭

22 - Uccelli

편	휴	구	가	가	하	춤	춤	가	그	구	이	퍼	야	심	킹
서	편	시	이	서	법	봉	퍼	편	재	여	마	퍼	관	즐	다
게	게	스	림	하	하	휴	가	진	비	독	재	게	진	캠	야
활	진	이	여	임	편	마	즐	구	농	둘	임	핑	즐	재	기
여	공	츠	농	핑	여	캠	봉	동	여	퍼	기	즐	독	활	휴
술	컨	핑	심	야	물	농	심	야	물	그	독	법	농	뻠	동
부	리	새	황	게	캠	즐	권	원	뻠	렵	뻠	투	편	투	식
원	펠	무	참	활	그	플	펭	권	서	재	퍼	춤	수	춤	즐
봉	수	앵	독	도	원	라	사	심	관	권	예	낚	활	하	기
다	식	식	도	하	사	밍	거	공	사	물	가	낚	공	야	닭
야	봉	구	포	재	백	고	위	작	수	츠	법	원	독	수	리
관	원	춤	사	농	조	타	하	술	가	포	진	헤	원	휴	오
농	휴	동	구	캠	캠	휴	하	렵	스	계	란	법	론	투	렵
마	진	물	도	수	포	공	서	심	뻐	기	마	술	즐	수	춤
재	갈	매	기	투	뻠	림	츠	춤	꾸	투	핑	츠	농	서	하
공	원	야	법	독	시	캠	사	즐	기	춤	심	마	휴	공	활

헤론	앵무새
오리	참새
독수리	공작
황새	펠리컨
백조	비둘기
뻐꾸기	펭귄
플라밍고	타조
갈매기	부리새
거위	계란

23 - Casa

게	사	봉	포	농	원	진	휴	진	동	임	활	서	하	문	휴
다	림	이	봉	휴	퍼	림	포	하	서	예	물	원	렵	낚	핑
다	식	동	관	야	핑	법	방	물	스	낚	츠	물	투	진	게
퍼	식	시	창	마	술	도	편	마	퍼	구	림	거	울	그
공	봉	봉	렵	사	사	투	서	원	원	즐	야	츠	비	구	캠
스	투	림	재	공	야	퍼	마	관	물	퍼	핑	깔	개	포	그
기	가	도	공	지	붕	서	바	수	마	심	뿜	활	스	램	프
여	동	활	렵	투	투	야	닥	킹	진	림	술	법	도	예	벽
마	울	타	리	애	틱	퍼	야	기	관	춤	이	그	포	수	식
춤	림	낚	샤	워	그	사	뿜	시	권	휴	수	예	천	야	킹
그	여	재	휴	하	다	활	권	활	활	임	뿜	부	장	기	식
하	츠	그	구	낚	퍼	진	스	수	사	독	식	엌	시	구	편
차	고	림	렵	재	사	재	림	정	도	도	야	관	법	이	포
수	봉	공	림	난	농	야	식	원	야	꼭	구	도	게	사	농
임	서	독	핑	로	핑	투	핑	도	진	심	지	뿜	게	스	츠
캠	즐	심	마	활	술	킹	렵	식	즐	스	재	야	사	활	마

애틱   바닥

도서관   울타리

난로   수도꼭지

부엌   천장

샤워   거울

차고   깔개

정원   지붕

램프

24 - Fantascienza

핑	이	렵	가	독	독	스	스	환	상	적	인	오	여	재	낚
가	대	그	스	공	활	스	스	서	림	킹	마	라	렵	핑	캠
세	계	본	렵	도	클	론	사	마	츠	즐	가	클	서	영	심
미	래	즐	농	사	서	그	원	관	법	행	게	폭	츠	화	마
수	식	도	림	로	스	여	공	캠	즐	식	성	발	그	유	농
이	물	관	술	봇	편	수	술	도	퍼	식	낚	춤	시	토	진
도	하	여	게	재	킹	가	그	독	디	스	토	피	아	피	림
활	은	스	퍼	사	그	물	동	술	공	다	공	이	가	아	뜸
권	하	시	술	식	스	림	술	권	심	원	관	포	진	가	다
책	원	물	서	서	봉	술	진	뜸	시	그	임	서	그	활	시
여	봉	도	스	원	진	즐	서	서	춤	권	캠	물	신	편	동
즐	츠	그	기	야	그	불	심	그	심	동	관	그	비	사	게
진	스	핑	권	시	식	림	식	휴	원	심	그	독	한	활	진
포	림	공	임	낚	츠	관	시	원	자	기	환	구	예	기	도
하	독	봉	츠	캠	이	마	공	수	야	술	상	예	원	뜸	여
농	예	상	상	의	킹	임	렵	포	관	권	법	여	임	킹	원

원자
영화
클론
디스토피아
폭발
환상적인
미래
은하
환상

상상의
신비한
세계
오라클
행성
로봇
대본
기술
유토피아

25 - Città

가	관	서	진	동	수	동	핑	가	법	물	은	행	서	핑	그
편	시	투	포	게	권	사	서	식	가	이	쁨	서	점	하	여
가	렵	렵	동	퍼	갤	러	리	쁨	심	퍼	술	슈	휴	춤	예
사	핑	낚	핑	퍼	기	여	예	법	권	즐	심	퍼	사	법	즐
서	야	편	농	킹	핑	그	진	공	시	낚	사	마	사	구	캠
법	관	예	핑	포	다	쁨	진	편	장	기	동	켓	하	낚	권
법	퍼	대	학	영	화	투	술	춤	투	쁨	낚	빵	봉	진	스
동	포	가	동	야	원	임	학	플	그	핑	식	집	진	료	림
경	기	장	킹	림	법	캠	교	공	로	물	다	캠	소	구	구
술	캠	여	원	시	봉	하	권	심	휴	봉	야	원	독	이	봉
공	낚	박	물	관	호	텔	그	법	극	리	이	봉	렵	휴	도
투	투	도	동	서	약	퍼	캠	술	농	장	게	관	관	사	재
가	예	원	편	도	림	국	독	물	권	법	스	임	이	휴	핑
휴	게	심	츠	림	농	편	도	렵	봉	술	수	심	법	쁨	서
동	츠	편	포	관	여	즐	야	서	다	쁨	도	포	포	사	수
공	항	진	봉	술	이	게	캠	권	심	농	스	물	이	술	수

공항	시장
은행	박물관
도서관	가게
영화	빵집
진료소	학교
약국	경기장
플로리스트	슈퍼마켓
갤러리	극장
호텔	대학
서점	동물원

26 - Fattoria #1

예	서	야	뽐	심	쌀	스	퍼	츠	가	투	닭	림	원	꿀	심
게	스	휴	시	권	원	구	식	봉	사	권	농	관	야	진	원
봉	포	심	림	퍼	권	울	타	리	그	야	시	예	공	휴	수
낚	게	낚	법	원	여	마	독	사	원	재	소	야	야	이	킹
권	서	동	농	핑	술	즐	예	건	초	무	낚	즐	서	원	이
포	활	스	공	낚	물	뽐	당	게	고	리	식	사	예	사	도
법	심	술	진	즐	식	들	나	뽐	양	임	씨	권	물	핑	시
염	퍼	독	여	도	말	다	귀	스	이	마	앗	임	게	개	벌
소	츠	사	사	퍼	서	물	기	예	낚	킹	돼	농	법	다	핑
이	마	진	다	투	술	핑	야	그	식	권	가	지	서	낚	공
재	림	진	시	야	퍼	다	게	농	투	킹	동	공	재	춤	춤
뽐	즐	뽐	비	료	시	림	사	포	그	술	춤	다	츠	기	서
송	아	지	임	서	물	다	관	휴	수	렵	물	예	사	킹	이
퍼	동	뽐	림	권	도	심	술	이	봉	도	다	농	업	그	관
서	캠	림	서	퍼	예	림	시	서	진	진	공	사	사	스	킹
진	임	츠	이	휴	봉	야	캠	시	야	여	동	편	사	기	여

농업	무리
당나귀	돼지
염소	울타리
비료	씨앗
건초	송아지
고양이	

27 - Psicologia

시	경	진	재	시	공	사	퍼	봉	서	원	임	술	휴	낚	서
시	킹	험	공	포	재	기	시	지	각	수	평	핑	포	킹	게
임	캠	공	투	임	하	서	여	관	생	문	가	츠	활	농	봉
임	포	독	퍼	진	관	원	시	뽐	편	인	제	요	이	기	식
이	퍼	활	하	독	수	봉	시	물	휴	격	진	법	이	다	수
활	즐	렵	수	이	시	캠	림	식	가	뽐	가	가	아	자	핑
동	진	술	스	렵	여	다	캠	여	예	춤	즐	공	이	갈	등
술	재	도	예	심	진	동	임	가	이	예	다	편	디	독	서
야	법	기	임	포	서	춤	츠	공	휴	절	시	린	어	권	마
렵	투	임	정	감	각	영	향	임	낚	술	핑	물	식	퍼	관
하	야	물	포	그	이	가	포	구	휴	하	춤	권	가	약	속
농	인	스	심	여	구	권	렵	편	핑	즐	하	행	하	핑	권
심	식	무	의	식	렵	하	권	임	춤	렵	수	동	심	야	술
진	기	구	동	식	도	봉	하	휴	원	식	현	실	즐	투	츠
독	동	스	스	식	림	이	게	그	물	그	가	수	임	농	봉
공	진	물	가	포	수	수	물	사	킹	진	물	다	킹	상	즐

약속
임상
인식
행동
갈등
자아
감정
경험
아이디어
무의식

어린 시절
영향
생각
지각
인격
문제
현실
감각
요법
평가

28 - Paesaggi

```
퍼 스 원 구 원 재 활 낚 식 퍼 빙 킹 여 투 봉 예
포 공 동 활 공 렵 농 대 양 포 하 기 구 수 원 킹
예 심 편 물 킹 포 독 캠 법 활 야 임 수 봉 림 캠
늪 뺌 예 봉 동 굴 편 마 춤 투 야 독 공 하 서 다
기 활 농 그 즐 오 아 시 스 춤 독 헐 천 화 산 관
임 츠 춤 예 예 핑 킹 공 춤 식 봉 법 렵 봉 투 봉
마 스 봉 투 동 편 이 휴 낚 진 투 핑 야 다 투 즐
기 해 변 휴 토 강 시 봉 재 언 덕 권 독 수 물 스
스 다 농 수 대 서 관 낚 퍼 게 사 서 야 도 농 농
공 다 법 공 활 사 폭 춤 낚 도 낚 재 낚 다 낚 포
봉 마 렵 공 술 이 포 봉 포 포 수 바 진 야 임 재
림 권 휴 공 원 야 퍼 투 낚 시 법 물 다 빙 사 즐
스 포 춤 권 게 시 가 렵 진 임 권 수 기 구 산 킹
공 퍼 법 예 시 렵 골 짜 기 술 공 편 공 예 마
야 기 킹 구 서 구 여 권 독 구 심 독 반 서 편 투
서 게 즐 농 섬 사 막 원 렵 스 마 퍼 도 수 임 수
```

폭포	바다
언덕	오아시스
사막	대양
간헐천	반도
빙하	해변
동굴	동토대
빙산	골짜기
호수	화산

29 - Energia

핑	기	권	임	투	포	공	재	춤	독	렵	하	시	편	렵	관
도	이	식	동	임	뽐	전	시	그	킹	즐	포	심	광	도	도
공	뽐	스	법	독	관	자	활	즐	츠	기	마	수	자	즐	퍼
식	사	편	원	공	스	재	심	진	농	게	편	물	심	농	하
활	휴	독	산	업	핑	진	즐	편	뽐	서	다	관	편	편	춤
마	야	투	법	재	야	하	진	하	하	킹	서	핑	구	수	하
구	술	식	술	기	식	기	술	도	핑	모	리	투	법	가	공
물	심	투	편	사	킹	여	농	진	동	빈	터	활	사	기	편
식	포	기	디	법	가	솔	린	수	여	도	배	오	휴	핑	스
법	휴	원	젤	렵	물	서	재	생	가	능	농	염	가	게	공
봉	연	료	구	식	기	가	활	재	다	활	휴	진	열	핑	이
시	포	엔	임	물	편	물	캠	캠	독	식	춤	구	퍼	퍼	예
가	츠	트	도	마	렵	렵	기	포	핑	다	전	동	킹	수	예
휴	츠	로	임	수	여	캠	가	게	하	가	동	기	증	공	소
활	도	피	예	춤	기	서	환	경	스	권	퍼	핵	마	탄	야
퍼	핑	츠	농	림	바	람	활	낚	물	사	춤	심	농	권	야

환경	광자
배터리	수소
가솔린	산업
탄소	오염
연료	모터
디젤	재생 가능
전기	터빈
전자	증기
엔트로피	바람

30 - Ristorante #2

저	마	휴	렵	법	술	봉	재	이	기	봉	임	휴	즐	편	시
권	녁	재	게	휴	맛	구	독	임	퍼	임	독	쁨	츠	춤	물
츠	공	식	여	쁨	있	예	사	낚	채	소	농	권	사	다	낚
츠	캠	공	사	법	는	수	포	크	임	즐	즐	춤	동	포	독
포	원	서	하	도	공	프	봉	권	농	쁨	스	식	즐	식	시
음	료	숲	가	락	림	동	동	활	스	봉	식	휴	의	포	도
얼	그	신	독	가	권	시	활	편	활	사	술	심	자	심	시
핑	봉	공	향	소	물	캠	법	동	이	웨	편	식	공	예	공
공	활	동	금	도	물	마	츠	도	그	이	사	공	수	활	퍼
기	사	휴	하	춤	독	고	시	전	채	이	권	터	샐	러	휴
게	즐	관	서	임	봉	기	야	예	농	야	포	마	야	편	드
법	법	야	마	캠	법	심	봉	물	이	야	기	법	춤	기	다
농	재	낚	재	수	마	관	하	핑	시	편	가	권	춤	원	사
다	식	휴	술	봉	퍼	포	편	봉	야	농	편	렵	시	관	휴
케	이	크	과	이	권	농	서	독	기	퍼	활	낚	기	물	투
도	구	포	일	이	물	캠	공	기	식	사	동	점	심	술	원

전채	샐러드
음료	수프
웨이터	물고기
저녁 식사	점심
숟가락	소금
맛있는	의자
포크	향신료
과일	케이크
얼음	채소

31 - Moda

이	하	기	게	그	투	이	퍼	낚	휴	핑	활	그	야	법	관
낚	퍼	마	시	술	즐	즐	렵	마	하	가	렵	무	측	정	활
낚	농	재	법	포	진	레	즐	독	독	포	츠	늬	농	게	마
림	츠	마	비	편	동	그	가	독	술	공	술	임	포	독	진
의	류	하	독	싼	하	스	심	권	퍼	활	봉	이	여	물	자
이	포	뺌	물	봉	기	가	니	낚	예	가	가	다	독	림	수
봉	조	직	킹	그	봉	낚	킹	멀	활	도	낚	킹	물	투	심
다	그	가	휴	진	동	서	휴	리	즐	낚	활	예	즐	즐	물
편	가	정	재	서	편	캠	공	스	렵	여	권	예	공	킹	킹
휴	임	교	편	원	원	이	스	즐	그	낚	술	기	대	예	예
하	심	한	아	우	가	게	렵	그	그	예	봉	서	현	간	간
렵	포	손	시	활	휴	여	츠	동	권	이	식	렵	동	단	단
핑	독	겸	경	향	원	퍼	술	휴	공	야	수	버	타	한	한
부	도	도	마	구	본	봉	춤	식	춤	진	춤	도	튼	핑	일
예	티	구	편	쁨	실	용	적	인	퍼	진	편	봉	스	원	원
낚	물	크	쁨	편	가	퍼	농	재	여	휴	마	다	스	도	도

의류	레이스
부티크	실용적인
비싼	버튼
우아한	자수
미니멀리스트	간단한
측정	정교한
무늬	스타일
현대	경향
겸손한	조직
원본	

32 - Giardino

가	캠	이	게	갈	바	렵	진	봉	임	서	그	임	야	낚	그
마	권	구	편	퀴	위	해	먹	편	사	공	포	법	과	춤	진
가	야	이	시	게	스	사	렵	림	물	관	삽	마	휴	수	꽃
재	구	식	임	림	진	여	가	독	연	원	수	가	심	원	마
캠	다	동	현	관	쁨	마	나	춤	기	못	츠	법	동	구	구
울	타	리	독	스	법	진	무	예	공	편	독	마	쁨	관	관
이	권	퍼	예	식	기	투	렵	독	물	관	기	재	포	수	수
공	농	잔	디	게	원	시	캠	츠	쁨	관	그	시	심	여	여
휴	법	수	예	관	림	여	법	예	그	공	공	재	하	기	기
춤	캠	킹	하	핑	동	즐	킹	사	임	즐	잡	동	춤	스	스
마	식	투	관	즐	포	캠	테	벤	치	편	초	야	진	캠	캠
공	즐	마	정	원	트	술	라	시	재	도	이	킹	킹	재	독
게	농	사	원	공	부	램	스	호	가	편	스	여	림	재	독
편	림	술	예	술	시	구	폴	다	낚	편	츠	시	서	게	다
물	포	렵	그	퍼	포	쁨	핑	린	토	쁨	기	공	동	하	재
물	임	관	림	야	재	스	캠	림	양	즐	차	고	여	구	농

나무	현관
해먹	갈퀴
부시	울타리
잔디	바위
잡초	연못
과수원	토양
차고	테라스
정원	트램폴린
벤치	호스

33 - Riscaldamento Globale

공	퍼	활	낚	투	즐	그	물	렵	과	뺌	포	봉	낚	활	시
그	봉	관	식	원	렵	가	게	여	학	술	마	하	예	심	심
정	부	그	봉	식	편	휴	시	동	자	투	진	입	위	공	게
하	술	시	가	국	다	서	캠	다	농	세	대	법	기	임	게
그	춤	진	시	제	금	식	뺌	물	그	물	편	편	핑	투
예	캠	동	휴	하	다	지	마	에	너	지	스	재	기	동	핑
야	동	투	개	기	여	하	시	낚	환	시	다	인	구	뺌	시
임	예	주	서	발	가	편	춤	즐	경	재	뺌	핑	편	권	낚
이	서	농	의	독	심	식	법	그	공	휴	편	림	구	다	농
원	구	식	공	사	포	법	데	이	터	춤	원	동	심	뺌	스
원	츠	임	권	법	즐	낚	그	원	물	재	게	공	가	스	기
예	렵	킹	구	마	춤	법	그	이	츠	권	동	도	식	산	림
미	래	북	즐	즐	기	다	공	진	킹	원	법	여	캠	업	임
스	기	극	다	물	후	투	구	이	임	편	봉	농	예	온	도
야	가	심	즐	림	렵	다	마	진	심	투	림	휴	봉	도	법
킹	포	스	포	츠	이	수	구	그	스	야	캠	휴	츠	수	식

환경
북극
주의
기후
위기
데이터
에너지
미래
가스
세대

정부
서식지
산업
국제
입법
지금
인구
과학자
개발
온도

34 - Frutta

예 물 시 임 농 그 사 봉 공 물 봉 야 하 공 오 여
아 보 카 도 레 몬 핑 과 킹 권 퍼 하 휴 봉 렌 서
숭 바 그 포 동 서 권 동 낚 농 게 퍼 법 관 지 게
복 나 공 낚 이 심 이 술 심 재 독 체 리 베 즈 라
임 나 예 물 낚 배 퍼 동 하 예 공 망 고 베 진 법
블 랙 베 리 심 관 구 춤 가 투 법 기 게 임 공 관
자 두 구 구 수 구 활 그 관 퍼 관 동 동 킹 멜 농
이 식 렵 춤 뽐 도 그 농 스 살 파 인 애 플 론 스
식 하 춤 야 킹 도 식 진 가 구 예 서 법 원 렵 공
천 원 림 휴 농 낚 관 렵 진 게 게 게 낚 여 그 공
림 도 물 도 도 그 키 위 기 포 뽐 캠 림 진 편 법
게 시 복 식 마 활 활 심 법 재 다 퍼 물 편 즐 농
즐 예 구 숭 이 캠 렵 법 이 물 낚 재 마 사 구 독
렵 림 농 봉 아 심 동 편 즐 낚 물 춤 술 재 물 사
뽐 공 농 파 파 야 구 투 농 뽐 이 심 시 퍼 야 수
렵 임 마 다 기 도 뽐 도 마 술 킹 구 하 편 휴 스

살구	망고
파인애플	사과
오렌지	멜론
아보카도	블랙베리
베리	천도 복숭아
바나나	파파야
체리	복숭아
키위	자두
라즈베리	포도
레몬	

35 - Fattoria #2

림	우	유	시	츠	공	농	퍼	휴	렵	옥	수	수	법	게	진
술	기	그	기	스	농	여	캠	사	수	쁨	활	음	식	식	하
일	공	권	농	사	편	동	오	리	공	보	하	림	독	트	예
과	하	포	동	낚	수	시	이	진	도	리	킹	투	랙	츠	렵
야	수	즐	활	양	고	기	스	휴	권	구	낚	도	터	물	재
서	봉	원	농	예	시	여	수	핑	스	법	그	핑	물	킹	도
거	위	춤	관	편	퍼	렵	봉	투	림	마	서	활	낚	사	술
재	권	시	농	다	임	편	마	원	헛	동	물	낚	사	법	진
원	공	스	렵	부	술	림	권	퍼	간	봉	그	휴	사	림	다
식	임	편	관	낚	낚	봉	물	캠	진	관	핑	게	림	임	구
시	동	캠	식	그	스	지	휴	낚	공	물	렵	츠	재	투	시
식	여	원	퍼	하	스	초	재	임	여	식	재	도	원	원	밀
법	렵	마	도	구	렵	목	자	서	관	식	편	농	가	도	원
독	봉	권	쁨	봉	심	진	라	벌	술	투	식	관	킹	야	사
재	진	다	휴	휴	가	시	마	집	진	예	스	식	개	츠	츠
여	사	독	봉	휴	재	림	법	법	쁨	스	춤	하	츠	관	구

양고기	관개
농부	라마
벌집	우유
오리	옥수수
동물	거위
음식	보리
헛간	목자
과일	목초지
과수원	트랙터

36 - Verdure

```
식 재 편 그 투 독 동 진 마 기 낚 심 그 그 활 포
진 원 낚 기 동 권 다 다 시 농 활 쁨 킹 구 법 춤
핑 가 기 쁨 공 권 츠 낚 물 시 하 그 기 오 이 퍼
게 쁨 예 토 가 여 캠 관 동 활 스 봉 편 시 금 치
렵 동 즐 마 늘 심 이 진 예 동 수 무 캠 농 관 독
기 관 다 토 감 시 포 리 퍼 동 렵 마 서 완 렵 법
버 봉 샬 롯 자 편 샐 러 드 여 재 캠 여 재 두 포
즐 섯 진 포 여 캠 야 셀 퍼 편 캠 여 생 춤 콩
서 휴 재 스 즐 관 스 낚 춤 관 핑 렵 킹 렵 츠 여
춤 쁨 양 파 순 무 원 하 진 공 법 활 캠 법 법 공
권 활 다 브 휴 낚 진 기 호 식 동 술 재 편 게 킹
쁨 가 지 여 로 기 휴 법 박 공 시 편 법 재 관 도
림 진 임 식 식 콜 춤 스 당 독 게 춤 관 수 퍼 서
서 도 물 그 포 봉 리 캠 근 하 가 캠 심 킹 다 사
권 법 가 시 심 핑 슬 활 캠 그 하 스 기 진 마 도
마 아 티 초 크 도 파 킹 봉 심 도 투 투 농 그
```

마늘	완두콩
브로콜리	토마토
아티초크	파슬리
당근	순무
오이	샬롯
양파	셀러리
버섯	시금치
샐러드	생강
가지	호박
감자	

37 - Musica

앨	범	마	다	농	투	독	가	즐	속	게	이	춤	이	식	술
진	킹	이	시	킹	즐	낚	다	마	구	도	예	농	뽐	이	술
그	동	크	적	퍼	수	도	마	낚	예	식	츠	술	렵	기	휴
핑	야	뽐	심	스	즐	휴	권	관	도	휴	기	하	민	게	편
낚	캠	하	즐	예	권	퍼	법	권	캠	식	술	가	요	봉	봉
서	정	적	독	퍼	봉	녹	합	창	음	렵	편	동	법	봉	수
진	포	진	뽐	진	진	음	여	원	뮤	악	권	렵	진	봉	농
멜	수	원	즐	사	렵	독	수	핑	지	수	가	핑	원	공	권
심	로	도	봉	구	재	서	서	법	컬	여	예	원	렵	활	시
관	진	디	마	퍼	춤	임	술	관	수	림	퍼	활	퍼	휴	임
서	마	술	여	서	시	가	퍼	렵	낚	기	츠	보	이	츠	원
활	수	사	사	렵	휴	림	사	예	구	킹	오	컬	활	식	춤
임	식	캠	다	수	서	술	기	전	야	하	페	휴	츠	농	물
가	마	리	듬	렵	수	마	예	고	그	렵	라	진	하	심	림
낚	악	기	도	가	림	편	화	조	노	낚	서	사	예	심	그
야	권	공	기	관	물	춤	퍼	파	래	가	봉	사	농	진	그

앨범
조화
고조파
민요
가수
노래
고전
합창
서정적
멜로디

마이크
뮤지컬
음악가
오페라
시적
녹음
리듬
악기
속도
보컬

38 - Barbecue

```
관 림 농 수 초 굶 주 림 양 투 도 독 기 구 이 게
임 재 관 춤 대 후 봉 투 스 파 식 구 포 여 임 춤
스 진 여 동 스 추 킹 스 하 진 게 뜨 거 운 활 시
즐 게 그 릴 구 예 심 임 서 사 동 공 심 춤 캠 캠
야 츠 이 농 식 소 야 렵 식 가 관 술 즐 봉 술 물
농 기 진 점 관 금 권 예 식 농 퍼 게 마 기 휴 봉
공 즐 시 심 수 투 식 편 권 다 뿜 임 편 공 포 구
독 법 가 독 사 예 권 가 도 마 재 재 예 권 예 권
술 사 춤 공 그 뿜 봉 족 시 이 독 캠 시 가 권 투
낚 원 도 시 핑 여 심 음 시 봉 게 기 포 동 시 심
그 츠 스 킹 다 관 름 식 임 하 다 킹 하 구 렵 시
다 관 농 물 춤 법 기 법 활 휴 캠 림 편 술 권 가
즐 기 술 재 휴 포 임 츠 음 가 림 서 야 원 재 농
토 마 토 저 녁 식 사 낚 악 과 일 샐 러 드 소 스
칼 동 다 스 스 독 심 츠 퍼 식 활 포 도 원 편 농
기 킹 가 술 닭 기 이 림 편 공 공 캠 투 진 재 서
```

뜨거운	그릴
저녁 식사	샐러드
음식	초대
양파	음악
여름	후추
굶주림	토마토
가족	점심
과일	소금
게임	소스

39 - Fisica

예	서	캠	예	재	임	츠	식	뽐	게	하	핑	캠	도	재	하
이	수	휴	편	공	편	봉	수	심	농	뽐	임	농	투	뽐	법
핵	원	캠	심	이	춤	공	스	농	혼	돈	즐	권	권	낚	구
서	하	포	수	중	즐	즐	림	낚	이	예	법	퍼	가	농	서
독	츠	진	뽐	포	림	림	서	스	활	독	가	예	도	속	낚
마	스	서	시	여	기	사	퍼	뽐	봉	구	원	심	여	임	춤
법	독	관	편	사	권	렵	캠	도	분	하	진	변	낚	빈	도
구	하	춤	스	진	사	뽐	여	기	자	관	렵	수	시	이	밀
확	춤	킹	캠	임	재	서	술	이	도	마	상	대	성	원	즐
여	다	예	즐	화	학	휴	그	가	즐	도	게	캠	공	자	전
역	식	관	퍼	핑	퍼	다	봉	식	식	시	법	도	퍼	입	관
학	서	림	킹	가	투	마	퍼	임	재	춤	서	야	하	예	다
즐	원	다	원	핑	이	츠	공	뽐	엔	진	농	킹	그	서	구
이	여	동	그	심	가	스	구	심	진	원	법	진	림	물	마
수	렵	식	수	독	재	스	도	농	그	스	핑	핑	포	핑	뽐
림	식	뽐	임	농	킹	마	즐	즐	렵	하	하	핑	킹	뽐	서

가속
원자
혼돈
화학
밀도
전자
확장
수식
빈도
가스

중력
자기
역학
분자
엔진
입자
상대성
변수
속도

40 - Agronomia

게	킹	그	하	츠	휴	질	게	술	권	지	과	게	시	산	물
핑	독	수	재	권	물	병	캠	진	포	속	촌	학	태	생	도
뽐	재	사	비	료	퍼	뽐	시	춤	관	가	농	캠	식	하	서
킹	토	양	시	편	스	기	스	스	투	능	업	기	구	동	낚
법	하	이	스	츠	술	포	템	포	여	한	핑	기	유	봉	예
퍼	식	부	식	음	포	시	예	캠	임	구	편	농	서	식	마
야	투	수	술	포	핑	즐	봉	농	예	마	공	환	스	그	마
시	킹	시	도	가	핑	식	캠	예	뽐	츠	경	연	포	봉	원
예	렵	그	핑	에	렵	서	야	재	법	다	권	구	다	시	그
원	독	렵	수	마	너	서	법	공	츠	뽐	하	물	예	농	법
투	오	게	스	활	퍼	지	공	낚	림	식	편	봉	기	뽐	편
게	염	춤	마	츠	게	재	서	이	법	렵	핑	법	투	기	구
봉	구	술	권	다	야	재	예	투	그	핑	춤	진	구	즐
도	핑	물	즐	씨	법	가	휴	림	구	공	물	퍼	퍼	가	권
공	동	그	뽐	앗	권	마	게	뽐	그	사	동	법	렵	뽐
독	농	성	장	독	기	뽐	다	물	이	도	사	캠	수	즐	스

농업   유기농
환경   생산
음식   연구
성장   농촌
생태학   과학
에너지   씨앗
부식   시스템
비료   지속 가능한
오염   토양
질병

41 - Erboristeria

시 법 민 원 동 관 수 뽐 가 이 퍼 낚 림 물 술 구
렵 법 트 동 야 법 수 식 활 물 킹 독 즐 시 도 투
편 마 술 캠 농 춤 낚 휴 활 편 진 바 가 여 권 관
구 조 사 마 하 원 성 오 레 가 노 질 물 관 캠 여
렵 람 휴 사 마 봉 분 독 퍼 기 녹 물 사 킹 임 림
마 법 물 휴 진 정 법 술 이 동 색 츠 스 기 법 야
시 사 권 기 진 심 원 마 공 독 낚 서 뽐 권 이 휴
권 캠 핑 기 공 수 구 늘 투 식 품 마 포 포 편 낚
킹 야 진 야 하 스 여 게 가 질 독 포 포 편 재 관
독 도 뽐 임 포 렵 다 요 방 향 족 봉 시 가 시 다
게 꽃 진 물 식 휴 권 투 리 리 마 즈 로 사 하 춤
식 즐 여 이 서 그 이 농 슬 백 하 구 예 술 예 사
게 더 기 림 스 수 핑 사 파 심 핑 포 원 기 캠 활
투 벤 구 여 심 사 도 림 킹 투 휴 림 술 회 편 법
타 라 곤 하 게 프 이 딜 츠 술 가 동 그 향 예 심
공 도 시 휴 관 란 술 기 동 예 가 하 권 관 편 서

마늘	마조람
방향족	민트
바질	오레가노
요리	파슬리
타라곤	품질
회향	로즈마리
정원	백리향
성분	녹색
라벤더	사프란

42 - Biologia

다	하	휴	독	수	하	박	이	기	구	재	법	예	킹	독	사
진	법	하	셀	염	렵	테	자	연	스	러	운	게	츠	법	킹
즐	권	그	기	색	츠	리	이	다	냅	뽐	원	즐	원	물	춤
다	포	서	예	체	포	아	공	츠	시	독	진	화	림	예	여
독	휴	낚	츠	다	핑	관	배	야	물	권	캠	휴	재	기	사
렵	농	공	하	편	캠	하	원	진	퍼	법	원	관	신	경	서
퍼	진	공	포	도	농	공	예	공	뽐	낚	수	공	렵	활	게
포	농	예	농	가	물	재	호	권	진	이	즐	생	사	물	가
림	유	시	여	스	다	낚	르	식	렵	농	야	독	콜	독	이
원	재	류	여	효	도	예	몬	즐	하	동	뽐	림	진	라	휴
농	권	서	활	소	삼	포	춤	퍼	여	기	법	권	시	렵	겐
수	시	임	츠	활	투	해	부	단	백	질	게	임	식	춤	법
춤	예	게	파	충	류	진	독	시	여	구	술	돌	연	변	이
츠	핑	핑	게	광	동	수	도	휴	동	임	뽐	독	스	이	휴
재	마	동	낚	합	뽐	관	관	다	식	사	림	구	기	림	투
이	낚	뉴	런	성	술	렵	수	하	원	투	시	법	농	여	시

해부   자연스러운
박테리아   신경
콜라겐   뉴런
염색체   호르몬
배아   삼투
효소   단백질
진화   파충류
광합성   공생
포유류   시냅스
돌연변이

43 - Attività Commerciale

사	거	직	캠	하	공	회	물	투	스	스	관	고	구	소	킹
관	래	원	가	실	무	사	렵	자	편	봉	권	이	용	득	서
할	학	제	경	력	림	야	독	마	독	술	사	야	비	주	임
기	인	예	원	서	가	재	야	기	핑	공	동	권	여	투	임
공	농	게	야	공	장	춤	렵	림	동	춤	재	휴	법	마	구
렵	뽐	독	그	진	시	하	뽐	진	츠	즐	여	봉	서	스	하
식	도	가	구	가	판	관	식	사	예	산	법	휴	야	핑	도
통	도	게	권	휴	매	관	서	서	가	활	수	사	츠	재	투
여	화	수	수	시	퍼	그	포	게	야	뽐	술	동	법	농	림
임	시	봉	독	공	낚	림	뽐	공	편	도	핑	다	수	관	관
게	공	마	야	편	도	수	핑	수	게	야	시	농	도	뽐	렵
시	낚	원	공	진	낚	뽐	재	구	즐	시	휴	진	여	포	츠
권	뽐	물	가	마	기	공	춤	포	휴	관	구	이	관	서	캠
재	휴	야	스	핑	봉	식	캠	여	서	다	휴	야	돈	림	가
츠	관	활	원	하	금	융	상	품	뽐	낚	스	그	캠	예	하
포	재	휴	가	그	이	익	권	춤	투	스	진	활	재	춤	츠

예산	가게
경력	이익
비용	소득
고용주	할인
직원	회사
경제학	거래
공장	사무실
금융	통화
투자	판매
상품	

44 - Fiori

독	렵	시	스	투	물	원	임	하	장	식	농	이	캠	심	술
모	란	민	스	재	퍼	하	재	휴	관	미	킹	활	사	임	츠
핑	이	들	춤	투	서	퍼	이	예	봉	즐	킹	툴	기	동	낚
편	렵	레	물	편	활	기	즐	재	렵	렵	봉	립	게	진	활
식	다	즐	권	투	권	야	춤	예	하	법	예	기	낚	원	즐
이	동	원	기	수	활	츠	림	심	진	낚	이	농	봉	낚	데
법	도	이	수	해	바	라	기	봉	다	관	퍼	핑	목	련	이
치	자	발	다	꽃	하	하	원	낚	구	구	다	락	법	법	지
뿜	캠	식	권	잎	투	즐	식	양	공	예	그	백	일	관	플
재	술	게	킹	도	활	활	렵	귀	스	편	즐	합	농	라	루
관	낚	렵	캠	휴	스	커	스	비	히	즐	퍼	가	술	벤	메
뿜	휴	하	휴	사	림	공	진	림	즐	야	봉	이	이	더	리
퍼	핑	권	난	핑	야	야	뿜	즐	예	투	공	심	재	술	아
뿜	동	편	물	초	핑	식	춤	포	농	그	즐	편	야	휴	하
서	봉	예	핑	야	퍼	다	봉	술	식	클	로	버	진	권	권
뿜	킹	기	수	선	화	활	재	마	권	법	하	편	휴	법	공

민들레	꽃다발
치자	수선화
재스민	난초
백합	양귀비
해바라기	모란
히비스커스	꽃잎
라벤더	플루메리아
라일락	장미
목련	클로버
데이지	튤립

45 - Filantropia

관	독	서	여	뽐	재	사	독	다	예	재	그	편	야	물	구
대	휴	임	물	투	츠	캠	임	독	다	야	야	야	스	심	편
하	그	독	퍼	목	농	심	캠	동	원	기	마	재	여	캠	술
활	사	룹	시	표	기	어	프	로	그	램	렵	편	활	물	뽐
마	투	여	활	다	퍼	린	야	마	야	술	즐	마	스	휴	투
캠	츠	독	투	봉	물	이	도	진	낚	인	예	여	진	즐	원
여	권	사	스	핑	낚	권	도	농	금	류	동	동	진	서	다
구	포	관	도	낚	청	소	년	전	융	정	뽐	임	림	가	독
커	뮤	니	티	캠	기	시	사	심	킹	직	구	마	도	시	하
사	뽐	하	즐	식	림	활	공	포	즐	심	핑	여	낚	필	서
봉	동	킹	농	여	퍼	다	원	자	관	시	츠	휴	림	요	기
공	마	가	법	서	마	게	도	선	심	사	도	게	물	뽐	활
퍼	그	서	원	뽐	가	츠	게	낚	서	진	사	사	야	마	야
봉	들	물	마	독	낚	야	그	서	퍼	법	연	독	뽐	야	스
역	람	원	임	글	로	벌	렵	공	공	의	락	임	독	기	춤
명	사	자	금	마	구	공	원	이	킹	재	처	공	도	봉	게

어린이	그룹
필요	사명
자선	목표
커뮤니티	정직
연락처	사람들
금융	프로그램
자금	공공의
관대	도전
청소년	역사
글로벌	인류

46 - Ecologia

봉 재 가 스 춤 즐 동 동 법 사 스 킹 투 재 라 수
가 여 구 편 하 진 봉 뱀 술 춤 서 휴 퍼 글 로 벌
포 다 핑 초 목 렵 공 스 관 활 다 사 관 도 플 편
스 여 퍼 임 공 구 술 자 연 다 동 사 림 식 야 핑
서 식 지 활 춤 야 즐 사 농 관 습 지 시 그 수 여
낚 공 사 수 가 핑 법 렵 스 식 수 투 관 활 스 춤
종 퍼 스 선 식 군 림 지 마 진 원 식 관 포 예 서
권 춤 핑 박 기 물 농 수 속 식 권 식 커 게 퍼 법
자 연 스 러 운 동 렵 동 편 가 캠 킹 뮤 퍼 낚 법
퍼 진 재 즐 관 종 류 산 투 가 능 스 니 야 농 관
캠 여 심 렵 진 시 식 공 심 품 뱀 한 티 진 핑 캠
권 활 이 임 여 춤 게 여 즐 즐 림 캠 렵 렵 심 하
권 가 츠 자 동 사 춤 시 다 춤 다 물 임 하 낚 하
마 농 진 원 그 생 존 기 양 포 퍼 핑 휴 관 서 서
구 렵 재 봉 이 임 스 후 성 심 포 물 춤 독 캠 기
재 스 공 임 동 농 농 이 사 낚 기 물 재 마 독 시

기후	자연스러운
커뮤니티	습지
다양성	식물
동물군	자원
플로라	가뭄
글로벌	생존
서식지	지속 가능한
선박	종류
자연	초목

47 - Discipline Scientifiche

법	시	재	원	춤	도	편	휴	하	게	예	마	언	예	춤	수
동	사	사	즐	도	농	진	원	렵	식	공	물	어	활	서	관
도	이	게	사	진	이	시	활	그	기	진	여	학	화	농	킹
물	기	심	퍼	가	원	임	예	시	림	쁨	농	리	고	권	편
해	부	여	활	기	편	동	야	예	봉	이	즐	생	그	고	동
스	심	포	캠	열	가	물	퍼	권	구	춤	휴	재	마	여	춤
다	예	쁨	식	역	천	쁨	렵	식	그	광	물	학	경	신	법
기	상	학	활	학	문	낚	물	캠	시	기	렵	질	즐	공	여
생	사	스	원	공	학	물	식	도	시	원	다	지	마	킹	하
포	화	구	그	서	리	예	독	쁨	농	야	퍼	핑	스	킹	캠
킹	활	학	기	휴	심	하	봉	캠	퍼	역	학	캠	동	물	학
핑	수	역	태	서	투	그	림	사	관	원	생	원	하	낚	원
구	킹	면	도	생	농	즐	사	회	학	식	물	임	봉	렵	다
농	도	식	시	기	원	원	마	임	시	츠	학	가	사	관	서
도	렵	가	킹	봉	진	캠	야	핑	예	킹	퍼	수	예	하	편
원	서	수	재	야	재	심	식	예	활	서	캠	투	심	편	구

해부
고고학
천문학
생화학
생물학
식물학
화학
생태학
생리학
지질학

면역학
언어학
역학
기상학
광물학
신경학
심리학
사회학
열역학
동물학

48 - Scienza

```
독 원 림 방 입 가 설 예 킹 심 권 하 뽐 봉 게 가
데 이 터 법 자 렵 분 자 림 구 법 야 이 편 원 활
관 마 도 시 학 예 기 원 수 임 뽐 츠 관 하 임 킹
가 츠 스 술 과 포 도 권 림 가 봉 다 시 츠 사 독
투 캠 원 뽐 림 수 서 가 구 게 휴 기 캠 활 농 포
게 공 하 사 뽐 핑 퍼 진 자 낚 사 핑 재 동 이 시
구 중 식 농 법 즐 스 예 연 술 뽐 실 투 식 심 탄
관 찰 력 구 사 예 여 구 림 그 권 재 핑 술 유 산
다 캠 야 심 퍼 가 마 법 독 시 서 이 다 후 기 수
즐 마 화 석 킹 예 휴 진 여 이 뽐 하 낚 하 체 가
즐 낚 임 여 수 사 포 낚 농 가 재 물 편 공 춤 편
캠 시 시 실 험 실 공 예 식 심 원 물 게 시 술 킹
렵 식 서 예 실 시 봉 렵 킹 원 츠 킹 편 스 식 활
법 퍼 킹 여 킹 포 술 도 다 공 관 구 식 투 활 공
임 임 포 림 서 핑 수 임 킹 봉 공 화 재 수 츠 즐
이 활 심 서 식 야 독 이 여 휴 즐 진 학 리 물 휴
```

원자	가설
화학	실험실
기후	방법
데이터	탄산수
실험	분자
진화	자연
사실	유기체
물리학	관찰
화석	입자
중력	과학자

49 - Imbarcazioni

돛	대	조	류	마	렵	퍼	식	뽐	물	투	물	원	퍼	나	편
춤	심	휴	수	임	원	서	밧	활	독	농	진	원	다	룻	재
여	편	야	물	독	술	권	줄	마	서	기	그	공	스	배	사
퍼	재	춤	뽐	킹	가	여	츠	도	림	식	편	게	물	원	편
구	도	퍼	다	낚	활	도	다	그	핑	가	부	뽐	킹	공	재
예	사	수	수	구	식	농	농	가	킹	술	표	뽐	낚	퍼	하
심	가	하	킹	독	여	여	여	양	포	임	렵	독	투	도	원
다	봉	게	권	재	퍼	활	대	공	바	선	뽐	낚	강	춤	낚
퍼	림	퍼	식	이	즐	야	해	상	다	원	수	엔	가	심	수
사	수	기	킹	즐	게	활	스	즐	마	무	원	진	퍼	카	심
법	다	원	림	관	농	술	킹	이	낚	승	닻	재	편	누	다
농	포	봉	마	다	편	서	그	여	동	물	엔	동	범	낚	공
동	공	여	퍼	낚	카	야	낚	하	원	킹	재	선	낚	공	기
물	퍼	퍼	호	수	활	파	편	즐	하	술	동	동	공	다	마
핑	마	포	캠	투	봉	도	요	기	술	포	선	술	다	가	
서	즐	그	재	심	렵	다	게	트	목	츠	물	즐	캠	렵	

돛대
범선
부표
카누
밧줄
승무원
카약
호수
바다

조류
선원
엔진
해상
대양
파도
나룻배
요트
뗏목

50 - Chimica

산	렵	유	낚	하	재	휴	활	심	법	사	봉	알	즐	원	가
법	핑	기	소	금	킹	하	다	핑	이	마	기	칼	휴	그	스
야	공	농	수	즐	구	스	구	츠	기	재	편	리	핑	렵	활
봉	식	춤	수	야	핑	시	다	관	기	구	이	성	이	온	투
사	가	심	농	도	무	게	심	진	기	관	퍼	캠	도	그	기
법	시	야	봉	물	독	이	물	게	농	투	산	기	그	그	그
법	가	식	술	포	마	심	임	츠	렵	즐	식	소	관	편	예
도	임	수	물	퍼	재	여	물	진	즐	즐	권	하	여	투	물
스	캠	도	핵	포	낚	이	가	즐	공	공	투	동	물	식	권
농	탄	소	동	예	스	온	서	이	예	야	식	캠	퍼	킹	동
낚	그	예	열	촉	매	도	식	야	야	포	서	이	진	농	봉
액	휴	뿜	킹	법	스	염	물	관	즐	기	휴	농	춤	기	임
체	춤	서	춤	킹	재	소	효	가	투	물	마	림	활	시	공
그	구	임	뿜	물	시	동	전	자	분	다	뿜	재	렵	권	술
킹	기	심	편	기	투	원	자	춤	뿜	휴	공	림	투	재	편
포	이	춤	서	마	기	킹	봉	재	사	예	가	투	진	원	마

알칼리성	이온
원자	액체
탄소	분자
촉매	유기농
염소	산소
전자	무게
효소	소금
가스	온도
수소	

51 - Api

수	킹	재	뺌	서	마	뺌	물	법	킹	동	진	예	진	심	편
독	사	공	사	츠	꿀	밀	게	렵	캠	사	캠	게	진	화	퀸
동	가	독	날	개	태	킹	랍	공	권	스	게	독	식	분	게
권	뺌	활	심	휴	양	캠	춤	도	관	림	떼	즐	킹	스	춤
식	원	예	투	휴	임	생	즐	킹	캠	편	캠	진	독	물	춤
휴	시	독	권	게	낚	식	태	포	스	술	하	독	하	투	스
활	렵	유	낚	츠	낚	관	즐	계	독	원	이	투	법	마	뺌
진	진	익	렵	춤	수	즐	농	기	심	투	브	관	기	도	활
사	이	한	꽃	렵	휴	투	서	여	캠	핑	츠	서	게	기	물
캠	권	휴	사	즐	법	낚	원	가	물	뺌	림	동	성	재	관
봉	임	시	렵	이	사	야	게	림	서	물	다	양	진	물	낚
그	연	법	과	일	여	편	정	원	재	식	술	여	즐	편	게
투	기	농	물	스	낚	봉	구	예	심	음	지	즐	하	활	즐
핑	가	렵	서	낚	기	캠	그	심	관	기	서	활	활	충	츠
투	그	기	시	낚	스	킹	휴	법	공	술	투	예	곤	충	낚
도	구	예	스	심	권	편	츠	킹	권	심	퍼	공	동	핑	게

날개	연기
하이브	정원
유익한	서식지
밀랍	곤충
음식	식물
다양성	화분
생태계	태양
과일	

52 - Strumenti Musicali

야	투	수	동	츠	다	원	식	낚	낚	공	즐	춤	야	재	스
권	마	봉	렵	기	다	기	하	권	예	활	핑	재	휴	권	봉
수	츠	스	봉	관	이	스	모	도	하	프	예	렵	포	가
퍼	서	탬	렵	물	스	봉	니	술	하	심	림	술	야	수	관
농	츠	구	버	여	활	게	카	렵	봉	봉	수	핑	사	법	바
공	사	즐	낚	린	돌	만	이	공	춤	이	관	쁨	술	투	순
권	수	법	피	올	권	킹	임	구	캠	농	구	북	게	시	서
렵	기	공	아	이	징	츠	농	동	관	사	이	가	포	즐	사
킹	휴	시	노	바	도	밴	조	그	임	이	가	핑	츠	봉	포
타	클	마	예	낚	관	술	임	펫	럼	트	롬	본	시	가	물
기	악	라	오	보	에	농	마	활	편	물	술	마	림	바	원
그	쁨	기	리	포	즐	플	원	야	구	춤	포	스	렵	다	야
임	이	휴	킹	넷	활	루	편	농	게	동	퍼	원	쁨	색	시
투	심	원	시	퍼	도	트	술	캠	권	사	활	공	술	소	술
시	활	법	첼	재	츠	게	술	게	쁨	휴	즐	사	동	폰	퍼
동	마	다	로	술	동	핑	농	마	야	쁨	춤	하	관	스	하

하모니카	오보에
하프	타악기
밴조	피아노
기타	색소폰
클라리넷	탬버린
바순	트럼펫
플루트	트롬본
만돌린	바이올린
마림바	첼로

53 - Professioni #2

서	마	츠	가	독	예	퍼	여	동	구	캠	편	사	원	물	스
사	도	조	종	사	사	하	봉	봉	구	예	술	농	활	포	시
투	수	기	활	원	심	츠	휴	즐	킹	수	가	마	식	식	원
즐	농	동	킹	정	동	독	렵	킹	권	핑	작	원	식	구	진
휴	님	츠	식	예	봉	하	캠	림	사	편	진	활	심	즐	공
도	생	휴	구	마	동	그	임	외	과	의	사	낚	림	기	다
공	선	물	자	스	퍼	심	림	식	사	술	권	춤	농	편	림
심	권	마	학	게	예	법	술	킹	서	기	활	임	게	시	낚
휴	휴	렵	물	자	학	철	관	진	이	공	예	퍼	편	관	시
연	구	원	동	포	퍼	심	편	법	게	퍼	시	기	자	명	발
마	그	법	렵	화	예	쁨	엔	지	니	어	투	수	학	렵	공
술	여	시	심	동	가	츠	진	치	과	의	사	재	어	렵	춤
편	이	하	핑	의	관	스	농	퍼	권	구	게	여	언	활	그
활	퍼	게	게	다	사	원	일	러	스	트	레	이	터	농	수
우	주	비	행	사	조	봉	식	그	봉	구	다	여	쁨	법	포
휴	츠	마	휴	임	하	물	법	시	투	활	사	춤	쁨	술	농

우주 비행사	엔지니어
사서	선생님
생물학자	발명자
외과 의사	조사관
치과 의사	언어학자
철학자	의사
사진 작가	조종사
정원사	화가
기자	연구원
일러스트레이터	동물학자

54 - Letteratura

야 그 야 관 야 의 견 춤 기 포 권 시 도 렵 술 마
비 예 독 포 하 관 휴 핑 농 게 공 츠 적 편 포 봉
게 교 다 포 주 스 기 핑 서 투 구 구 은 식 편 관
농 동 춤 휴 제 재 진 이 법 권 예 하 유 시 낚 그
임 퍼 사 활 농 동 수 사 츠 예 원 독 법 재 장 르
공 봉 권 가 권 관 춤 야 핑 관 도 포 그 이 하 야
리 듬 림 쁨 물 마 가 이 가 야 스 심 동 법 낚 캠
마 핑 캠 마 심 춤 춤 식 임 봉 사 설 소 렵 술 캠
농 도 가 캠 춤 저 자 투 법 술 하 활 명 분 석 킹
스 킹 핑 퍼 그 렵 술 서 활 츠 활 봉 캠 야 예 서
재 사 쁨 예 춤 즐 물 권 휴 유 추 구 다 심 비 시
법 야 봉 동 게 그 스 도 예 즐 물 재 기 술 극 일
낚 농 하 편 춤 동 임 서 시 게 술 구 낚 춤 츠 화
예 구 쁨 관 임 법 가 다 시 결 론 식 포 렵 하 대
쁨 즐 서 시 킹 법 도 이 동 운 여 가 스 렵 권 재
스 타 일 즐 시 예 동 사 투 투 전 기 시 캠 도 림

분석   장르
유추   은유
일화   의견
저자   시적
전기   리듬
결론   소설
비교   스타일
설명   주제
대화   비극

55 - Cibo #2

관	킹	편	농	스	가	핑	휴	낚	즐	법	구	포	야	진	스
식	물	스	가	포	사	마	술	퍼	사	가	초	콜	릿	술	도
체	리	공	햄	도	봉	가	서	여	공	가	렵	야	스	법	다
관	식	가	진	관	여	림	킹	물	공	봉	바	킹	휴	스	뿜
물	포	즐	휴	마	렵	야	투	술	관	게	나	봉	물	서	사
임	고	권	농	농	스	예	뿜	동	쌀	요	나	동	이	치	권
버	섯	기	구	빵	이	기	활	다	시	거	다	기	여	기	즈
뿜	공	수	밀	계	낚	예	심	춤	공	트	심	림	동	포	구
임	시	야	관	란	구	서	사	과	다	스	퍼	여	림	편	진
렵	술	관	활	스	봉	원	식	림	봉	진	휴	독	독	마	야
기	독	농	캠	심	심	봉	예	봉	핑	야	가	봉	다	퍼	식
휴	법	캠	그	식	관	휴	게	술	공	뿜	심	이	기	시	활
가	농	캠	휴	가	지	뿜	심	게	권	재	원	게	휴	구	휴
키	투	진	공	스	활	시	퍼	투	공	원	투	독	물	닭	원
위	휴	셀	러	리	콜	로	브	편	스	시	츠	야	활	츠	권
토	마	토	농	예	렵	킹	도	휴	마	낚	다	이	포	낚	핑

바나나   가지
브로콜리   물고기
체리   토마토
초콜릿   셀러리
치즈   계란
버섯   포도
키위   요거트
사과

56 - Nutrizione

칼	로	리	포	공	킹	임	식	동	관	한	강	건	강	렵	독
뺨	공	여	이	술	마	식	용	균	투	야	사	이	즐	렵	게
야	퍼	시	즐	마	임	캠	낚	형	그	진	퍼	술	심	마	편
림	재	서	농	동	즐	봉	공	잡	하	영	소	휴	마	츠	무
시	사	캠	임	즐	휴	포	화	힌	기	원	수	동	발	수	게
공	뺨	가	진	스	독	농	소	야	관	그	수	기	예	수	쓴
비	휴	수	법	핑	법	농	독	스	권	다	동	뺨	임	킹	림
타	권	스	스	투	춤	식	법	물	츠	봉	심	시	예	심	츠
민	봉	술	스	포	서	술	춤	활	마	예	낚	공	예	퍼	농
도	다	심	하	츠	츠	도	농	게	품	질	식	재	낚	포	다
권	수	스	임	렵	공	심	게	재	관	서	봉	스	킹	독	즐
뺨	편	캠	다	다	이	어	트	서	심	재	권	편	독	독	동
술	도	농	편	여	핑	림	식	수	야	휴	하	가	츠	시	그
액	체	그	향	핑	동	식	재	핑	임	예	관	예	퍼	게	도
그	츠	재	뺨	신	사	즐	욕	진	독	편	이	수	휴	휴	식
뺨	식	단	백	질	료	탄	수	화	물	퍼	재	마	포	시	식

식욕	무게
균형 잡힌	단백질
칼로리	품질
탄수화물	소스
식용	건강
다이어트	건강한
소화	향신료
발효	독소
액체	비타민
영양소	

57 - Matematica

멱	다	킹	관	심	예	식	킹	스	법	게	형	마	가	그	춤
편	지	직	진	기	스	구	핑	활	진	츠	각	도	캠	스	야
킹	활	수	시	편	여	진	다	재	식	동	다	진	도	수	즐
뽐	캠	공	활	게	여	공	물	핑	게	하	투	진	편	핑	사
편	킹	림	게	여	대	이	뽐	산	수	예	휴	구	가	휴	관
심	다	그	마	임	칭	편	식	권	물	츠	포	분	렵	식	츠
권	투	춤	마	다	림	서	정	사	각	형	관	수	진	이	마
예	게	렵	사	동	하	이	방	투	관	핑	퍼	임	서	여	관
다	공	권	림	여	게	물	술	음	렵	퍼	투	원	구	농	활
평	활	봉	독	캠	심	활	도	량	그	편	술	그	심	심	재
이	행	기	하	학	휴	사	동	기	림	술	사	동	봉	둘	이
뽐	술	사	반	지	름	활	서	캠	활	관	동	관	핑	레	츠
마	즐	십	변	핑	렵	구	진	법	투	평	행	농	숫	자	스
핑	봉	캠	진	형	각	삼	농	그	게	이	관	사	진	재	구
지	름	휴	서	수	사	핑	봉	직	사	각	형	관	진	낚	관
동	서	편	임	서	권	하	뽐	동	야	캠	츠	여	진	재	투

각도
산수
십진수
지름
방정식
멱지수
분수
기하학
숫자
평행

평행사변형
둘레
수직
다각형
정사각형
반지름
직사각형
대칭
삼각형
음량

58 - Meditazione

```
캠 임 하 편 예 포 농 핑 가 휴 즐 술 춤 자 세 마
운 동 진 킹 공 사 뿜 주 감 정 봉 권 렵 서 즐 휴
권 수 락 킹 심 킹 식 의 림 야 권 킹 투 진 법 식
도 킹 농 사 기 가 진 편 야 하 사 물 친 절 침 기
동 임 편 원 독 가 진 진 낚 법 그 휴 독 낚 묵 봉
뿜 스 정 신 법 다 식 즐 수 렵 야 그 서 원 도 킹
관 캠 투 츠 마 춤 법 관 마 핑 생 각 하 도 평 핑
농 식 관 뿜 구 음 킹 뿜 재 휴 서 사 퍼 화 하 독
츠 그 독 투 원 가 관 봉 여 진 야 림 뿜 기 춤 공
식 원 구 봉 이 심 진 마 야 봉 농 킹 법 악 이 그
게 야 봉 재 투 렵 이 봉 여 독 공 호 음 포 투 재
연 선 식 감 사 뿜 뿜 뿜 낚 투 가 흡 마 즐 찰 수
자 민 명 이 캠 낚 수 낚 포 시 춤 동 물 관 즐 하
스 관 낚 도 사 권 렵 수 진 하 이 독 즐 점 포
퍼 츠 뿜 스 동 렵 가 낚 가 구 법 예 물 이 심
농 공 식 도 퍼 봉 하 여 그 법 물 마 행 복 심 캠
```

수락
주의
선명도
연민
감정
행복
친절
감사
정신
마음

운동
음악
자연
관찰
평화
생각
자세
관점
호흡
침묵

59 - Elettricità

발	화	심	부	임	마	봉	회	재	핑	즐	동	즐	독	재	캠
선	전	권	정	림	그	법	식	로	물	예	활	휴	독	원	관
소	켓	기	적	식	스	권	예	시	망	림	동	림	구	다	임
춤	츠	전	인	활	활	서	농	다	춤	기	심	레	다	게	술
야	심	원	공	퍼	휴	렵	퍼	다	춤	동	투	이	예	림	스
공	퍼	게	공	권	케	렵	퍼	휴	배	장	저	편	관	야	핑
휴	그	기	자	석	이	심	퍼	술	임	터	봉	리	권	낚	구
낚	뺨	그	낚	서	블	투	재	캠	렵	관	낚	동	전	렵	츠
원	원	가	서	마	독	킹	즐	진	공	관	낚	원	공	장	휴
렵	동	봉	식	킹	투	킹	재	긍	정	적	인	임	공	물	비
권	식	심	서	독	진	마	퍼	봉	농	관	도	서	사	임	도
봉	시	술	가	캠	편	재	림	서	즐	츠	활	텔	춤	시	시
츠	야	권	여	하	재	휴	킹	림	투	활	술	레	즐	수	수
다	뺨	술	농	다	림	독	가	원	관	편	심	비	캠	양	독
츠	즐	물	하	가	농	동	사	기	여	킹	핑	전	야	램	동
마	동	봉	예	게	심	독	임	사	게	원	술	낚	사	프	즐

장비	레이저
배터리	자석
케이블	부정적인
저장	사물
전공	긍정적 인
전기	소켓
전선	회로망
발전기	전화
램프	텔레비전

60 - Antiquariato

관	활	야	휴	건	조	그	구	술	우	여	이	권	가	핑	진
술	뿜	퍼	스	활	각	림	캠	식	아	츠	서	뿜	춤	투	자
가	독	스	타	일	시	가	법	투	한	활	재	림	킹	낚	마
킹	기	술	권	재	관	격	포	진	예	춤	술	물	특	도	심
봉	스	도	독	농	정	서	가	이	술	임	진	캠	이	게	사
농	가	킹	품	권	통	독	마	이	물	춤	렵	게	한	심	술
하	사	구	질	활	공	마	법	캠	기	봉	서	춤	구	핑	기
갤	러	리	림	퍼	게	도	동	그	휴	관	편	법	뿜	편	예
춤	기	임	물	기	즐	예	퍼	수	가	춤	독	캠	장	식	활
수	림	술	게	낚	동	뿜	야	독	식	농	하	낚	포	포	야
십	투	여	가	핑	편	야	다	림	하	법	임	권	권	원	시
년	캠	관	투	세	기	그	시	휴	게	동	관	술	재	게	물
츠	킹	낚	물	포	하	재	렵	경	매	전	활	퍼	기	기	예
진	캠	농	뿜	봉	즐	값	농	여	진	츠	구	시	이	퍼	공
복	식	예	츠	하	게	물	공	원	예	핑	관	즐	낚	야	낚
심	구	서	렵	오	래	된	물	술	독	하	서	재	예	이	투

예술
경매
정통
조건
수십 년
장식
우아한
갤러리
특이한
투자

가구
동전
가격
품질
복구
조각
세기
스타일
오래된

61 - Escursionismo

스	마	즐	퍼	서	여	태	관	뺌	가	독	권	심	식	독	야
시	법	서	밋	포	물	양	다	도	이	기	피	곤	한	렵	독
시	재	술	시	마	물	투	사	임	드	식	츠	시	즐	츠	포
예	임	수	핑	법	임	마	독	술	예	농	이	게	스	기	후
낚	다	구	가	재	가	야	예	이	츠	게	서	법	낚	다	포
독	가	퍼	활	수	식	식	그	스	여	퍼	지	도	도	활	핑
림	춤	식	림	캠	야	재	권	즐	야	관	러	권	활	물	권
여	츠	봉	즐	렵	생	돌	서	식	심	편	떠	술	게	캠	가
사	임	렵	동	뺌	킹	봉	재	도	게	이	낭	캠	투	핑	권
자	예	게	물	야	활	진	킹	캠	수	스	이	즐	동	식	수
관	연	원	즐	춤	그	림	핑	뺌	그	산	진	캠	진	그	낚
공	원	구	휴	시	봉	스	휴	임	마	츠	관	포	킹	춤	낚
진	농	퍼	술	법	여	편	포	마	춤	준	비	마	정	사	츠
물	무	뺌	킹	투	활	휴	야	사	핑	예	츠	시	위	위	동
도	거	포	관	킹	킹	임	부	츠	사	구	핑	술	농	편	험
캠	운	도	서	핑	임	동	이	편	츠	재	츠	그	사	스	그

동물	무거운
캠핑	준비
기후	낭떠러지
가이드	야생
지도	태양
자연	피곤한
정위	부츠
공원	서밋
위험	

사	독	야	임	공	서	낚	공	심	구	캠	츠	봉	대	독	원
포	핑	즐	그	원	스	게	도	편	즐	하	퍼	다	사	호	간
농	법	임	공	구	그	법	심	렵	식	수	림	독	포	약	심
춤	활	법	농	츠	편	뽐	술	피	캠	구	도	꾼	냥	사	수
시	술	여	법	포	캠	시	게	아	포	퍼	농	투	원	호	시
츠	마	킹	관	다	그	투	수	니	봉	농	편	춤	렵	변	봉
지	질	학	자	학	리	심	의	스	그	하	구	시	임	스	임
수	식	츠	작	배	임	여	사	트	마	마	뽐	그	가	핑	예
림	퍼	즐	제	림	관	춤	킹	퍼	농	법	렵	관	퍼	캠	술
관	마	원	도	기	보	공	농	권	가	즐	공	동	포	도	가
기	핑	야	지	여	석	동	킹	하	편	물	렵	진	즐	예	다
공	술	마	킹	킹	상	츠	투	도	봉	집	포	투	하	야	서
술	다	심	편	기	스	여	법	원	재	물	자	가	캠	도	과
코	음	악	가	행	은	임	독	재	스	공	기	봉	수	투	학
심	치	스	낚	야	다	봉	게	농	시	춤	댄	진	퍼	물	자
투	춤	캠	이	법	진	관	천	문	학	자	서	서	포	봉	스

코치
대사
예술가
천문학자
변호사
댄서
은행가
사냥꾼
지도 제작자
편집자

약사
지질학자
보석상
배관공
간호사
음악가
피아니스트
심리학자
과학자
수의사

63 - Antartide

퍼 동 과 원 봉 기 이 여 가 이 재 물 가 투 술 서
포 포 휴 학 구 림 권 츠 하 휴 구 즐 원 스 렵 렵
고 렵 심 리 적 다 하 다 예 사 스 다 핑 환 기 예
하 래 형 지 춤 수 즐 이 주 술 독 림 쁨 경 재 포
춤 휴 재 재 식 얼 음 마 야 농 캠 쁨 공 농 편 캠
마 독 술 술 물 동 식 포 농 포 술 공 사 임 핑 법
원 즐 림 가 원 원 여 시 렵 야 농 캠 활 다 투 렵
독 하 시 구 도 권 게 휴 섬 핑 킹 스 권 시 기 예
구 름 퍼 포 법 심 편 렵 권 봉 하 임 편 하 림 도
독 스 농 연 물 츠 원 편 공 동 탄 산 수 원 낚 편
빙 이 가 구 스 사 권 보 존 사 법 다 독 정 식 하
하 시 가 원 진 그 다 식 여 농 즐 퍼 즐 쁨 퍼 렵
여 야 도 만 대 륙 농 게 투 기 즐 도 예 권 법 법
츠 포 독 편 온 도 그 재 봉 법 수 수 수 하 반 도
불 안 정 한 퍼 퍼 예 가 휴 진 포 낚 핑 여 법 물
캠 마 재 기 가 사 가 진 물 임 진 도 투 임 춤 포

환경
고래
보존
대륙
지리학
빙하
얼음
이주
탄산수

구름
반도
연구원
불안정한
과학적
원정
온도
지형

관	재	기	하	발	명	이	하	소	캠	역	농	그	편	포	심
련	림	야	포	렵	시	중	기	춤	설	임	사	도	렵	권	진
내	레	이	터	임	낚	성	서	원	여	맥	츠	적	동	킹	기
포	공	관	다	서	낚	투	권	가	그	문	학	동	인	포	츠
렵	편	활	렵	편	게	활	여	퍼	렵	퍼	농	도	술	법	활
진	캠	법	공	임	법	편	가	렵	물	물	낚	이	진	봉	농
휴	관	페	스	킹	원	예	편	봉	수	낚	이	낚	시	재	서
독	캠	이	쁨	림	물	농	야	리	더	가	마	서	쁨	독	면
다	법	지	활	다	휴	포	시	핑	그	재	휴	시	독	재	게
식	가	술	독	스	핑	수	쁨	재	이	미	재	야	저	서	관
즐	킹	사	동	독	다	수	독	예	편	있	핑	물	자	투	공
원	권	츠	농	재	임	춤	사	야	재	는	야	진	마	비	수
서	휴	즈	독	게	츠	예	스	관	임	수	춤	활	재	참	야
핑	사	리	관	낚	쁨	관	모	험	도	게	사	스	편	한	포
도	가	시	게	이	편	술	공	공	가	다	투	심	임	시	렵
춤	휴	활	기	독	농	활	렵	도	동	독	춤	법	마	킹	농

저자
모험
수집
문맥
이중성
서사시
발명
문학
리더
내레이터

페이지
관련
소설
서면
시리즈
이야기
역사적인
비참한
재미있는

65 - Geografia

츠	공	봉	구	츠	재	마	기	서	술	캠	산	게	술	서	킹
임	서	법	렵	지	술	춤	진	스	세	심	관	도	물	림	투
가	휴	수	임	물	역	물	심	남	계	물	진	도	지	예	법
마	이	하	활	츠	핑	농	도	쪽	활	스	술	캠	시	이	구
동	독	법	투	마	가	즐	캠	캠	원	츠	독	다	춤	수	물
아	틀	라	스	핑	하	권	대	관	사	수	야	림	투	하	즐
활	물	휴	츠	즐	임	즐	륙	편	서	츠	시	농	도	공	캠
임	활	춤	춤	핑	식	재	영	토	예	식	수	도	서	그	렵
스	투	활	낚	캠	즐	술	킹	심	낚	가	킹	서	반	구	기
츠	수	츠	예	투	도	츠	편	봉	위	도	원	퍼	게	스	법
다	법	진	가	림	서	야	야	시	식	고	동	진	스	권	다
투	뽐	식	캠	바	원	캠	야	다	임	기	낚	자	진	권	여
시	구	관	여	하	다	수	야	림	경	국	가	오	활	서	뽐
뽐	춤	즐	림	스	마	공	낚	서	도	원	물	선	춤	북	쪽
기	투	이	도	법	관	츠	사	쪽	공	농	관	다	포	쪽	심
공	섬	림	술	식	사	뽐	동	강	캠	진	구	게	편	심	예

고도
아틀라스
도시
대륙
반구
위도
경도
지도
바다

자오선
세계
북쪽
서쪽
국가
지역
남쪽
영토

66 - Cibo #1

```
공 포 킹 가 뺌 츠 포 재 딸 심 투 낚 권 케 게 주
물 마 시 봉 구 춤 봉 포 농 기 편 포 퍼 이 킹 스
킹 그 권 예 그 수 농 스 휴 캠 그 심 법 편 심
재 츠 사 즐 이 수 농 독 술 물 캠 물 즐 양 파 뺌
게 사 여 봉 수 림 킹 스 하 사 스 동 심 퍼 물 트
사 관 독 편 캠 핑 동 춤 관 다 관 스 렵 게 민 도
레 가 츠 임 낚 그 참 치 금 시 뺌 핑 림 즐 츠 하
몬 권 진 다 츠 하 마 늘 농 임 원 권 캠 휴 구
진 춤 심 고 수 편 바 질 렵 설 탕 시 여 가 술 하
권 재 게 계 기 춤 봉 림 스 춤 스 수 에 여 동 휴
예 캠 춤 피 진 심 술 봉 공 권 당 근 림 사 원 게
우 배 춤 포 즐 술 여 투 핑 구 가 서 핑 물 관 도
유 법 구 순 권 가 퍼 렵 보 리 캠 수 이 캠 야 가
다 예 봉 무 포 기 휴 그 스 즐 샐 이 춤 독 기 서
투 렵 술 수 소 금 핑 공 동 사 하 러 임 활 핑 그
구 독 봉 림 기 서 심 다 투 도 기 도 드 수 야 그
```

마늘	민트
바질	보리
계피	순무
고기	소금
당근	시금치
양파	주스
딸기	참치
샐러드	케이크
우유	설탕
레몬	

67 - Etica

뻠	포	츠	림	연	핑	포	이	가	이	사	공	춤	다	협	임
철	학	동	서	민	예	지	타	재	즘	마	류	인	존	력	즐
합	리	적	인	낚	식	혜	주	합	리	성	권	내	낙	엄	값
그	킹	포	퍼	림	즐	법	의	원	얼	뻠	권	낚	천	림	성
게	법	그	마	스	그	물	주	퍼	리	마	마	스	주	심	결
정	직	수	술	이	투	림	인	다	원	권	진	독	의	킹	무
그	독	심	이	봉	식	춤	개	여	시	봉	뻠	봉	게	림	하
즐	공	서	도	편	동	가	여	렵	권	사	림	퍼	뻠	독	게
다	마	임	다	재	편	원	뻠	구	렵	캠	기	진	퍼	재	핑
사	이	킹	예	임	가	하	하	캠	원	캠	수	사	시	여	봉
가	진	퍼	킹	투	림	가	하	야	핑	시	도	투	포	야	즐
공	낚	수	낚	심	렵	진	다	마	임	권	농	그	관	농	임
독	차	츠	임	춤	다	다	가	도	포	봉	동	임	춤	이	시
이	게	친	관	렵	낚	도	동	도	여	야	술	춤	핑	외	교
동	기	권	절	야	권	포	가	게	휴	독	야	즐	퍼	임	수
림	수	관	스	게	캠	뻠	서	낚	동	휴	춤	퍼	재	식	원

이타주의	정직
연민	낙천주의
협력	인내
존엄성	합리적인
외교	합리성
철학	리얼리즘
친절	지혜
개인주의	공차
무결성	인류

68 - Aeroplani

포	츠	휴	즐	재	포	가	구	게	서	하	츠	편	수	서	공
사	사	가	마	수	권	분	탐	색	편	법	핑	하	킹	림	렵
엔	기	활	뺌	권	예	위	재	식	관	늘	가	원	캠	하	독
진	시	심	봉	권	게	기	조	종	사	하	역	사	춤	그	퍼
시	사	춤	구	동	구	물	임	술	마	법	강	농	그	진	독
술	구	킹	법	권	식	구	춤	편	임	기	키	휴	캠	독	공
핑	춤	동	즐	물	술	가	캠	도	야	난	기	류	킹	춤	츠
서	법	렵	춤	술	퍼	게	동	구	술	진	구	하	원	독	퍼
심	춤	심	원	무	승	객	마	가	물	관	야	츠	공	예	예
수	소	포	임	뺌	건	기	기	캠	사	구	야	가	공	심	가
도	춤	법	물	재	시	설	연	료	렵	식	관	즐	서	농	기
심	이	춤	물	하	여	그	도	시	퍼	투	권	하	임	포	봉
재	모	험	구	활	활	활	사	이	스	물	방	향	도	풍	권
식	렵	여	착	법	구	독	활	뺌	공	식	편	고	공	기	선
임	퍼	스	륙	사	구	가	림	가	마	권	마	도	투	진	재
서	구	술	다	다	킹	활	낚	마	재	휴	독	공	핑	임	하

고도
공기
분위기
착륙
모험
연료
하늘
건설
방향
하강

승무원
수소
엔진
탐색
풍선
승객
조종사
역사
난기류

69 - Governo

편	시	도	즐	공	뺌	활	원	심	투	봉	휴	임	퍼	구	지
시	편	여	춤	진	물	가	재	식	시	게	관	권	핑	기	도
낚	민	힘	츠	낚	시	다	공	퍼	도	민	자	수	농	투	자
가	야	권	렵	핑	편	포	편	포	수	다	유	핑	관	퍼	임
캠	수	원	뺌	다	독	서	핑	동	포	관	임	식	스	술	림
림	도	그	시	예	그	춤	서	렵	관	권	예	휴	기	도	마
가	투	권	봉	사	물	수	게	임	사	츠	마	즐	게	국	가
핑	진	임	휴	사	투	봉	가	예	가	낚	마	사	기	식	기
수	심	휴	츠	서	봉	츠	봉	정	낚	정	의	렵	법	예	휴
기	념	물	렵	투	즐	퍼	뺌	치	캠	정	이	사	츠	다	게
공	즐	활	포	여	독	기	야	춤	독	공	진	도	가	식	봉
여	하	서	편	림	립	이	게	물	마	물	봉	토	론	법	여
낚	렵	사	식	수	낚	기	낚	서	권	편	낚	하	투	캠	구
심	술	시	야	원	퍼	활	민	주	주	의	평	기	편	편	연
농	구	원	가	사	뺌	도	편	다	렵	징	등	동	스	휴	설
킹	공	기	서	킹	킹	하	킹	수	춤	상	태	그	법	헌	공

지도자	독립
시민권	자유
시민	기념물
헌법	국가
민주주의	정치
연설	지구
토론	상징
사법	상태
정의	평등

70 - Bellezza

즐 농 수 동 제 품 마 게 투 스 야 휴 춤 시 활 게
즐 편 게 공 도 야 스 기 은 렵 이 심 하 쁨 츠 법
화 투 매 립 포 예 카 심 혜 식 수 편 츠 그 림 편
장 법 력 편 스 농 라 캠 춤 진 포 투 동 시 시 게
품 스 퍼 마 독 틱 서 사 법 캠 관 수 물 향 기 포
동 쁨 휴 편 퍼 식 스 야 쁨 즐 그 물 독 이 공 봉
편 피 부 즐 스 수 가 장 문 재 기 하 서 하 기 독
물 동 마 핑 게 다 위 핑 동 마 스 편 이 하 관 이
림 춤 공 캠 활 편 하 독 우 아 거 울 기 퍼 마 예
포 토 제 닉 핑 심 관 동 낚 캠 캠 관 포 우 공 기
샴 푸 렵 물 기 하 색 기 다 활 사 림 투 가 아 핑
공 진 게 기 하 낚 수 야 심 독 야 매 끄 러 운 한
활 기 공 재 원 임 게 다 물 편 마 재 술 관 낚 쁨
독 기 하 농 공 림 서 비 스 수 임 편 투 편 재 게
법 원 원 기 유 림 술 기 가 게 휴 낚 관 다 캠 쁨
술 봉 술 원 화 예 법 술 원 예 식 휴 물 킹 구 렵

화장품	마스카라
우아한	유화
우아	피부
매력	제품
가위	립스틱
포토제닉	서비스
향기	샴푸
은혜	거울
매끄러운	문장가

71 - Avventura

이	어	이	열	광	낚	물	서	즐	새	자	목	적	지	이	공
법	려	킹	퍼	렵	친	구	원	위	로	연	핑	임	하	포	용
스	움	편	관	여	구	안	전	험	운	술	법	공	포	포	감
퍼	렵	낚	활	활	마	림	핑	한	식	도	식	춤	활	활	활
하	예	동	예	동	시	특	농	술	게	도	전	예	츠	투	여
관	진	술	독	농	스	퍼	이	킹	운	동	농	뻠	회	회	마
재	예	하	춤	춤	킹	준	도	원	츠	림	수	기	하	렵	렵
렵	사	진	마	기	그	비	가	즐	뻠	권	렵	포	예	도	도
가	독	공	임	낚	캠	술	사	봉	수	핑	권	림	심	서	서
동	심	진	여	원	캠	재	임	여	물	하	츠	낚	농	이	이
야	게	진	그	독	수	춤	이	휴	활	재	낚	그	술	구	일
소	풍	킹	법	시	구	투	하	재	포	편	구	아	항	해	정
구	식	독	재	서	법	뻠	사	재	핑	관	재	름	활	다	즐
원	이	서	원	하	술	퍼	포	그	투	수	퍼	원	권	그	동
도	관	낚	뻠	봉	림	편	마	활	여	춤	식	식	그	스	움
마	투	낚	게	서	투	핑	진	낚	이	임	구	낚	스	심	츠

친구
활동
아름다움
용감
목적지
어려움
열광
소풍
기쁨
특이한

일정
자연
항해
새로운
기회
위험한
준비
도전
안전
놀라운

72 - Forme

```
정 가 관 농 캠 술 피 라 미 드 기 서 마 삼 그 츠
그 사 스 관 편 춤 원 츠 서 심 실 린 더 각 렵 퍼
낚 동 각 낚 퍼 식 뿔 원 편 투 사 퍼 휴 형 킹 호
임 시 기 형 입 방 체 휴 예 캠 기 야 봉 사 재 공
기 킹 그 각 도 시 구 츠 동 활 렵 이 동 물 시 원
하 렵 게 사 식 예 야 예 임 술 낚 봉 사 휴 즐 휴
여 원 츠 직 휴 원 캠 캠 여 독 렵 식 그 기 서 선
투 농 낚 낚 림 포 식 이 즐 캠 킹 구 활 사 독 곡
관 이 재 예 렵 즘 원 츠 편 하 게 춤 게 봉 뽐 츠
다 그 다 모 서 리 자 장 가 원 관 원 퍼 활 기 포
야 농 각 여 재 프 봉 물 수 캠 기 휴 수 캠 다 편
이 가 형 도 가 야 투 사 뽐 권 기 봉 핑 휴 퍼 기
춤 동 관 뽐 농 게 편 식 도 기 봉 츠 도 림 타 캠
타 원 형 킹 봉 다 예 권 야 춤 시 예 퍼 편 원 원
측 면 쌍 곡 선 투 스 투 서 독 퍼 사 가 서 권 사
캠 임 츠 독 활 포 핑 예 수 핑 야 수 활 도 기 독
```

모서리	타원형
가장자리	피라미드
실린더	다각형
원뿔	프리즘
입방체	정사각형
곡선	직사각형
타원	구체
쌍곡선	삼각형
측면	

73 - Oceano

봉 조 스 마 문 어 장 어 참 치 춤 법 낚 스 기 캠
동 수 물 구 배 춤 휴 활 투 가 킹 심 핑 폭 풍 사
관 시 봉 구 츠 춤 공 게 서 재 이 가 가 공 킹 포
편 술 식 포 상 어 가 활 림 림 이 림 낚 서 소 금
여 휴 이 투 권 권 편 기 즐 임 퍼 활 즐 사 킹 임
춤 편 스 펀 지 퍼 게 기 즐 공 핑 해 도 수 술 게
돌 농 관 기 임 술 이 다 즐 사 휴 투 마 파 법 그
즐 고 즐 춤 시 권 휴 새 낚 도 즐 휴 렵 물 리 편 츠
야 법 래 동 렵 즐 술 렵 우 휴 동 굴 고 캠 활 물
기 관 고 동 하 뺌 렵 서 스 구 공 농 기 활 투 야
휴 츠 동 스 즐 하 봉 휴 심 물 심 심 하 구 투 식
법 뺌 즐 즐 그 림 독 야 편 수 술 산 호 술 투 식
술 동 관 암 봉 포 가 서 시 렵 서 뺌 거 술 이 츠
투 진 야 초 하 핑 스 포 공 진 이 수 이 수 시 춤
공 사 관 퍼 시 재 술 스 관 동 여 캠 여 캠 수 이
권 캠 즐 진 예 활 낚 하 재 식 스 시 킹 독 도 가

장어	문어
고래	소금
산호	암초
돌고래	스펀지
새우	상어
조수	거북이
해파리	폭풍
파도	참치
물고기	

74 - Famiglia

이	퍼	물	춤	사	법	이	그	권	낚	포	관	즐	여	퍼	편
휴	할	마	권	활	그	야	투	식	핑	남	심	진	하	낚	임
내	아	부	계	기	재	뻠	공	물	시	가	편	스	원	심	킹
기	버	사	활	예	킹	마	즐	가	휴	포	기	스	진	핑	심
독	지	퍼	도	활	할	머	니	권	동	관	서	그	캠	독	그
활	가	농	농	원	그	독	농	가	권	뻠	휴	야	야	재	편
관	다	투	캠	핑	핑	여	스	휴	손	원	조	카	편	이	원
즐	물	핑	사	술	권	퍼	활	매	자	봉	농	관	하	야	춤
구	식	활	촌	렵	어	공	캠	임	농	렵	림	핑	뻠	가	권
활	예	시	활	공	편	머	딸	퍼	봉	가	진	삼	촌	춤	농
임	절	성	재	기	물	술	니	독	낚	구	춤	독	봉	사	선
예	시	모	관	캠	아	킹	수	야	다	권	물	서	다	즐	조
어	린	이	휴	관	버	공	여	여	도	하	사	시	게	스	물
킹	어	아	야	권	지	관	가	림	재	이	킹	식	구	휴	관
렵	여	술	술	시	여	가	재	농	독	원	림	독	물	캠	물
심	게	구	그	진	활	물	권	술	물	야	농	즐	심	형	투

선조	조카
어린이	손자
아이	할머니
사촌	할아버지
어린 시절	아버지
어머니	부계
남편	자매
모성	이모
아내	삼촌

75 - Creatività

극 기 마 낚 봉 야 림 그 직 관 낚 쁨 자 가 킹 선
적 가 관 야 동 렵 다 킹 투 게 권 심 즐 발 권 명
인 물 임 퍼 공 스 야 강 렬 함 아 이 디 어 적 도
퍼 여 동 진 감 정 농 그 낚 가 림 진 캠 춤 임 인
원 술 쁨 츠 영 림 가 법 마 식 사 투 확 봉 임 스
게 관 퍼 유 동 성 기 구 사 수 식 봉 실 포 여 식
권 가 시 가 휴 심 비 술 춤 봉 낚 편 성 렵 봉 관
예 기 킹 관 야 핑 전 캠 식 독 독 투 공 구 즐 쁨
봉 물 편 식 시 도 술 활 수 활 동 동 스 활 캠 심
예 츠 림 킹 봉 식 활 심 농 식 사 다 원 식 임 관
술 스 즐 마 다 서 다 림 술 식 하 가 기 다 포 캠
적 임 식 쁨 킹 도 림 술 야 츠 봉 식 캠 마 활 식
예 관 임 예 쁨 게 수 킹 활 수 심 이 권 동 킹 공
동 동 핑 독 시 게 술 여 공 재 임 봉 영 상 상 쁨
발 명 감 시 퍼 가 림 포 낚 예 사 츠 독 인 상 쁨
서 구 식 각 킹 구 봉 기 림 림 서 재 활 편 력 활

기술   인상
예술적   강렬함
확실성   직관
선명도   발명
극적인   영감
감정   감각
유동성   자발적인
아이디어   비전
상상력   활력
영상

76 - Veicoli

수	즐	핑	공	헬	예	구	마	원	편	가	렵	로	그	권	서
농	심	수	캠	리	물	재	급	포	킹	트	럭	켓	포	재	춤
낚	기	핑	스	콥	서	그	법	차	게	도	다	휴	이	구	하
지	하	철	춤	터	모	동	잠	수	함	스	도	편	식	마	하
뿜	휴	이	도	쿠	동	예	여	동	야	여	야	농	투	여	물
편	즐	농	봉	스	버	수	츠	휴	기	시	예	편	재	킹	휴
동	게	편	동	뿜	야	다	킹	법	차	택	뿜	법	편	휴	핑
도	하	심	투	킹	퍼	림	심	심	가	시	권	낚	사	구	림
시	뿜	원	봉	타	독	활	퍼	캠	츠	하	비	핑	가	춤	야
캠	심	자	심	이	진	봉	배	뿜	농	독	행	캐	물	여	기
시	기	전	스	어	농	핑	룻	여	가	핑	기	러	서	렵	다
이	술	거	동	캠	편	임	나	법	독	임	시	밴	사	마	렵
트	랙	터	도	림	진	술	하	뿜	가	게	식	낚	법	관	스
예	재	봉	진	사	사	그	캠	예	식	그	휴	게	즐	시	휴
원	물	식	공	뗏	가	스	가	츠	야	봉	도	츠	재	법	편
가	퍼	술	예	목	서	구	뿜	식	다	권	이	다	봉	캠	포

비행기	타이어
구급차	로켓
버스	스쿠터
자전거	잠수함
트럭	택시
캐러밴	나룻배
헬리콥터	트랙터
지하철	기차
모터	뗏목

77 - Natura

야	술	농	가	성	재	포	움	구	안	쁨	림	활	이	림	이
북	캠	핑	수	역	공	구	다	츠	개	서	진	공	원	야	즐
극	편	진	원	심	꿀	벌	름	춤	진	휴	동	림	마	봉	여
물	츠	기	여	즐	렵	퍼	아	도	활	기	편	임	식	킹	수
낚	수	츠	원	기	독	원	핑	게	술	마	마	다	원	원	활
식	임	술	츠	하	임	사	막	하	야	고	요	한	식	진	재
퍼	재	낚	활	술	스	하	림	독	독	원	시	절	벽	휴	시
재	열	대	편	츠	낚	포	즐	스	식	술	쁨	활	낚	물	캠
농	핑	투	강	여	캠	농	진	하	캠	진	구	퍼	독	퍼	그
킹	법	캠	포	퍼	여	재	심	독	농	야	권	구	시	산	마
활	부	식	편	심	게	쁨	기	서	식	춤	스	술	야	생	법
심	이	하	낚	투	춤	게	킹	공	투	수	식	진	춤	퍼	원
그	춤	투	즐	도	법	림	여	이	마	동	구	적	동	림	휴
야	동	핑	권	사	예	물	식	구	재	독	야	심	숲	물	캠
예	술	술	마	투	여	빙	임	다	잎	포	농	편	츠	독	봉
야	여	공	이	서	관	핑	하	킹	독	쁨	서	그	봉	재	원

동물   안개
꿀벌   구름
북극   성역
아름다움   절벽
사막   야생
동적   고요한
부식   열대
빙하

78 - Balletto

사	편	법	뽐	음	악	제	식	하	그	즐	림	투	원	사	다
즐	그	농	킹	라	트	스	케	오	츠	킹	활	안	킹	여	게
원	술	여	댄	서	독	처	독	주	하	술	투	가	무	편	야
나	마	구	진	예	공	심	사	공	렵	우	퍼	춤	심	관	포
타	재	즐	다	심	스	편	핑	핑	농	아	게	이	청	킹	킹
내	그	하	도	진	여	봉	마	가	식	한	스	권	봉	중	시
는	여	야	츠	투	봉	캠	포	원	기	구	진	타	기	진	퍼
활	박	스	물	투	관	스	예	핑	츠	포	하	도	일	퍼	림
포	수	관	활	서	낚	게	렵	법	게	도	공	춤	편	재	근
즐	기	즐	물	다	봉	봉	즐	동	봉	진	다	도	심	동	육
활	독	서	심	이	심	하	구	츠	여	심	수	여	기	렵	포
게	심	발	킹	심	임	낚	봉	도	츠	식	리	낚	수	리	듬
게	춤	레	강	렬	함	시	연	습	공	권	가	허	시	심	사
식	춤	리	예	술	적	사	편	서	스	다	술	여	설	수	핑
퍼	권	나	관	기	진	식	활	봉	포	야	기	마	마	게	농
작	곡	가	즐	독	하	하	관	다	편	투	편	물	원	구	투

박수	강렬함
예술적	근육
독주	음악
발레리나	오케스트라
댄서	연습
작곡가	리허설
안무	청중
나타내는	리듬
제스처	스타일
우아한	기술

79 - Paesi #1

스	페	인	동	그	공	게	권	공	마	마	야	가	휴	진	원
노	르	웨	이	핑	핀	여	하	춤	춤	캄	보	디	아	비	리
심	마	휴	봉	이	란	시	동	다	수	말	리	하	퍼	뽐	임
루	게	여	세	킹	드	물	다	휴	술	가	즐	림	즐	렵	공
춤	마	활	네	림	투	휴	마	수	진	관	이	뽐	게	하	농
시	투	니	갈	봉	원	포	원	하	법	공	베	네	수	엘	라
농	술	여	아	법	법	뽐	즐	농	캠	여	낚	캠	활	라	사
렵	마	춤	킹	기	스	낚	퍼	임	서	봉	사	법	야	스	수
포	예	포	술	야	기	관	이	다	봉	권	즐	관	진	이	휴
도	모	야	브	이	라	크	낚	그	물	서	즐	농	기	독	권
원	관	로	서	라	독	예	예	재	술	게	렵	킹	편	인	예
이	집	트	코	식	질	투	임	낚	마	퍼	춤	봉	도	도	가
기	농	임	독	일	투	물	술	춤	시	임	구	베	트	남	농
관	활	그	하	즐	스	야	식	관	사	재	물	핑	폴	란	드
식	여	가	마	사	권	그	춤	낚	야	도	재	츠	춤	렵	다
캠	낚	캐	나	다	도	법	낚	사	투	퍼	야	스	파	나	마

브라질	말리
캄보디아	모로코
캐나다	노르웨이
이집트	파나마
핀란드	폴란드
독일	루마니아
인도	세네갈
이라크	스페인
이스라엘	베네수엘라
리비아	베트남

80 - Geometria

권	스	식	킹	진	이	기	이	여	츠	마	낚	게	춤	킹	편
방	정	식	이	권	퍼	이	관	중	앙	값	마	이	공	임	관
야	투	여	술	편	도	술	대	다	이	킹	가	지	구	이	론
구	캠	핑	독	사	편	법	기	칭	이	편	독	세	편	름	론
림	공	구	봉	물	그	기	도	게	사	뿜	스	로	츠	편	사
그	게	츠	도	공	재	동	휴	임	킹	분	재	츠	독	즐	휴
논	리	진	그	휴	시	포	투	즐	시	절	스	퍼	퍼	사	즐
가	심	임	스	다	활	투	사	편	수	진	기	그	즐	삼	삼
가	뿜	퍼	농	심	여	봉	예	도	즐	림	물	츠	활	도	각
동	편	물	심	수	원	평	행	스	핑	투	야	독	독	수	형
낚	게	춤	그	킹	술	활	즐	낚	다	휴	동	게	즐	곡	선
하	춤	춤	사	림	예	심	심	구	공	원	게	예	포	편	즐
재	계	산	게	키	표	면	퍼	춤	기	구	농	공	하	스	포
수	츠	편	비	독	관	예	림	림	농	봉	가	춤	술	농	재
이	수	치	율	동	킹	도	가	낚	하	여	게	그	렵	핑	캠
렵	게	원	활	공	서	하	핑	법	여	편	야	도	수	평	법

각도	평행
계산	비율
곡선	분절
지름	대칭
치수	표면
방정식	이론
논리	삼각형
중앙값	세로
수평	

81 - Foresta Pluviale

복 커 물 기 봉 투 이 시 편 성 양 다 수 포 하 예
구 법 뮤 낚 독 사 끼 곤 충 재 서 다 관 심 예 킹
농 게 이 니 다 법 공 즐 보 캠 류 조 활 공 휴 물
여 봉 투 봉 티 예 임 봉 물 존 관 유 시 즐 낚 서
킹 츠 서 식 림 투 다 재 사 독 원 수 포 스 물 핑
휴 이 스 공 투 도 독 구 자 연 물 투 츠 식 퍼 뺌
농 휴 마 예 렵 게 원 기 후 권 하 물 낚 권 하 캠
예 독 여 이 하 식 휴 도 관 림 스 기 술 심 하 재
즐 봉 사 공 가 식 임 그 임 봉 재 활 권 투 진
편 뺌 종 봉 서 마 진 밀 관 스 권 포 심 이 기
술 이 생 존 퍼 가 식 림 렵 권 난 권 공 투
원 서 그 농 핑 다 술 임 게 법 춤 법 이 도 물
진 낚 기 진 봉 농 농 기 마 권 기 술 원 야 도
퍼 식 하 츠 스 야 캠 식 사 수 법 식 물 사 퍼 춤
공 시 퍼 존 구 름 구 식 렵 농 그 낚 킹 재 농 편
재 그 한 중 귀 렵 활 다 수 츠 가 식 동 임 기 즐

양서류	자연
식물	구름
기후	보존
커뮤니티	귀중한
다양성	복구
밀림	피난
곤충	존중
포유류	생존
이끼	조류

82 - Edifici

호	기	도	낚	뽐	다	구	낚	원	포	봉	휴	법	서	독	도
스	렵	술	게	렵	관	그	예	그	수	수	휴	법	캐	헛	간
텔	호	구	마	식	독	하	가	슈	퍼	마	켓	휴	권	빈	춤
탑	영	화	술	뽐	구	대	사	관	공	핑	렵	구	춤	임	임
여	관	봉	농	마	마	심	독	물	재	마	그	포	아	성	킹
원	관	원	서	도	도	여	캠	박	투	식	농	휴	파	권	이
게	킹	시	게	심	도	도	하	춤	예	진	하	게	트	경	츠
식	권	편	술	휴	수	퍼	휴	봉	기	스	핑	식	시	기	마
술	츠	시	그	게	시	심	진	킹	춤	식	게	투	게	장	춤
공	전	봉	츠	진	하	활	수	병	원	수	다	술	기	공	물
가	망	림	관	수	킹	구	식	그	원	사	독	활	즐	관	관
공	대	물	실	다	예	즐	그	퍼	가	동	시	낚	구	가	하
법	시	권	림	험	서	구	동	권	봉	물	킹	시	뽐	구	서
예	츠	구	구	뽐	실	게	야	활	가	농	구	텐	트	스	도
렵	춤	학	교	춤	극	다	이	이	독	게	휴	편	투	여	수
시	기	대	법	봉	장	가	야	식	휴	구	수	하	활	스	캠

대사관	병원
아파트	전망대
캐빈	호스텔
영화	학교
공장	경기장
헛간	슈퍼마켓
호텔	극장
실험실	텐트
박물관	대학

83 - Malattia

게	심	마	편	독	농	휴	봉	동	춤	스	진	요	몸	여	도
렵	그	서	관	하	야	재	서	캠	림	급	성	법	임	퍼	마
킹	마	편	기	야	약	스	투	예	스	시	즐	스	호	흡	기
예	활	복	구	예	한	춤	진	활	서	진	투	기	사	휴	편
예	물	가	부	수	농	게	캠	사	물	진	마	권	건	강	유
식	가	투	법	관	캠	그	낚	츠	야	구	게	권	원	전	게
농	요	추	공	수	야	동	야	물	독	기	가	원	뼈	게	가
여	식	즐	동	림	술	법	기	뽐	원	임	술	물	원	관	수
하	원	림	야	편	권	폐	활	예	가	예	알	사	그	술	이
캠	투	면	렵	동	공	심	림	식	여	이	레	하	핑	하	재
투	독	킹	역	야	기	장	퍼	즐	시	여	르	권	서	캠	식
여	뽐	시	여	게	투	활	춤	시	원	원	기	만	사	공	원
편	재	권	이	봉	낚	기	동	사	유	전	적	성	시	게	물
야	농	킹	림	동	술	다	스	도	군	공	이	스	핑	예	킹
낚	식	여	캠	여	마	츠	하	심	후	법	뽐	농	야	퍼	이
원	활	원	편	핑	도	포	술	염	증	임	기	편	이	즐	킹

급성
복부
알레르기
만성
심장
약한
유전
유전적

면역
염증
요추
호흡기
건강
공동
증후군
요법

84 - Paesi #2

춤	관	이	활	낚	하	활	그	기	식	핑	휴	림	활	원	하
여	쁨	네	그	진	법	농	농	렵	법	원	재	편	법	퍼	춤
공	가	팔	투	재	파	에	티	오	피	아	리	지	이	나	동
야	공	관	야	농	키	게	투	캠	법	시	가	사	여	이	휴
림	물	공	권	즐	스	자	메	이	카	러	도	임	물	라	농
가	구	가	진	활	탄	투	술	농	하	아	이	티	진	크	게
게	심	렵	하	퍼	쁨	킹	권	츠	스	시	동	다	간	우	포
킹	퍼	투	게	활	시	재	츠	림	림	네	권	기	물	심	렵
게	활	물	진	임	봉	하	법	시	예	도	츠	하	덴	동	재
하	진	예	여	핑	시	구	캠	식	진	인	휴	여	마	서	쁨
쁨	편	아	리	베	이	라	그	라	오	스	서	봉	크	하	이
예	농	본	일	수	편	원	봉	리	동	알	바	니	아	캠	춤
식	도	춤	구	랜	단	식	도	이	스	다	포	낚	심	시	물
춤	원	포	포	휴	드	도	술	야	휴	심	멕	시	코	캠	활
서	퍼	렵	춤	츠	퍼	동	춤	식	이	퍼	편	스	독	기	관
쁨	진	그	시	리	아	편	핑	포	투	즐	림	심	캠	권	편

알바니아	라이베리아
덴마크	멕시코
에티오피아	네팔
자메이카	나이지리아
일본	파키스탄
그리스	러시아
아이티	시리아
인도네시아	수단
아일랜드	우크라이나
라오스	우간다

85 - Tipi di Capelli

마 스 서 렵 임 도 관 뺌 게 가 춤 심 이 시 수 관
심 이 공 스 독 법 예 두 꺼 운 휴 핑 야 짧 식 진
여 하 림 구 휴 뺌 이 핑 즐 가 재 림 진 은 사 핑
기 얀 서 수 투 렵 매 끄 러 운 러 드 부 얇 빛 권
진 농 권 즐 사 야 투 다 독 대 다 이 수 수 나 재
시 기 림 사 서 은 활 예 기 야 머 띠 진 독 는 법
사 뺌 구 꼰 관 사 예 금 그 봉 다 리 그 술 임 수
식 수 도 긴 다 가 마 임 발 곱 슬 머 하 기 야 다
낚 농 임 수 포 투 캠 렵 투 건 야 여 킹 도 렵 진
시 식 마 재 뺌 동 렵 도 투 강 퍼 동 기 사 도 여
원 재 식 농 게 가 블 랙 츠 한 게 권 동 마 원 원
물 이 활 다 기 구 킹 여 휴 포 원 권 봉 스 원 뺌
봉 수 기 하 가 기 즐 그 낚 춤 도 회 킹 림 그 식
춤 식 예 뺌 퍼 퍼 캠 활 가 재 활 가 색 농 마 투
사 뺌 마 술 그 춤 즐 츠 다 휴 봉 술 갈 물 스 가
봉 다 른 야 시 핑 예 시 즐 시 진 다 식 수 춤 가

마른	갈색
하얀	부드러운
금발	블랙
짧은	곱슬
대머리	건강한
회색	얇은
매끄러운	두꺼운
빛나는	머리띠

86 - Vestiti

구	킹	활	렵	다	셔	스	독	술	스	츠	킹	킹	스	독	포
재	공	투	법	그	공	츠	서	포	킹	시	춤	구	바	사	권
관	샌	들	킹	투	편	시	여	치	서	농	서	봉	지	물	봉
킹	킹	림	구	가	마	술	퍼	마	투	낚	쁨	진	바	낚	이
낚	여	팔	즐	낚	포	농	이	치	쁨	목	걸	이	청	물	림
렵	야	찌	쁨	장	원	공	츠	앞	코	패	션	블	라	우	스
사	낚	도	휴	갑	스	사	하	사	트	독	기	재	킷	이	서
다	게	퍼	심	원	야	잠	옷	이	하	원	림	권	구	법	마
쁨	츠	터	활	그	술	츠	관	그	도	식	여	가	편	두	여
휴	시	하	웨	여	게	기	림	퍼	원	야	투	기	휴	권	포
기	스	드	레	스	임	그	임	낚	그	원	포	도	식	농	시
야	스	카	프	물	시	야	스	편	법	핑	투	도	서	모	야
권	투	술	공	진	투	예	사	즐	여	농	임	농	게	자	이
게	권	사	관	물	독	심	식	재	독	도	봉	킹	편	재	쁨
벨	휴	가	퍼	하	시	농	공	하	예	쁨	법	가	사	법	투
트	권	술	춤	수	공	그	서	하	시	림	게	봉	편	마	낚

드레스	앞치마
팔찌	장갑
블라우스	청바지
셔츠	스웨터
모자	패션
코트	바지
벨트	잠옷
목걸이	샌들
재킷	구두
치마	스카프

87 - Attività e Tempo Libero

법	휴	도	권	구	핑	법	임	쇼	도	심	이	춤	야	투	마
진	렵	진	다	킹	편	렵	캠	핑	서	동	진	즐	가	술	츠
구	마	마	기	이	캠	도	식	캠	농	농	그	츠	술	식	캠
활	관	마	재	하	빙	농	렵	사	구	편	법	봉	임	권	사
가	게	가	춤	심	여	이	게	기	야	서	진	휴	임	핑	예
캠	투	서	휴	스	관	수	즐	마	봉	식	공	게	편	관	독
수	영	하	퍼	쁨	진	림	편	심	여	공	여	포	심	쁨	농
동	독	이	킹	관	낚	림	핑	가	공	캠	춤	마	투	렵	기
렵	도	식	취	원	시	원	테	니	스	활	킹	핑	진	여	그
배	술	림	미	원	술	예	렵	축	구	법	권	캠	진	식	핑
포	구	야	캠	봉	기	재	그	진	편	캠	물	동	포	골	프
재	관	핑	공	기	술	권	예	봉	휴	식	다	봉	츠	식	법
시	여	심	진	그	가	시	독	물	관	법	법	예	다	동	마
춤	법	사	봉	투	여	스	편	투	봉	권	캠	춤	술	여	이
봉	스	구	식	핑	원	진	핑	물	이	이	시	렵	퍼	행	권
원	도	편	공	식	임	술	여	사	캠	재	핑	관	휴	식	투

예술	다이빙
야구	수영
농구	배구
권투	낚시
축구	휴식
캠핑	쇼핑
하이킹	서핑
원예	테니스
골프	여행
취미	

88 - Tecnologia

커	원	수	마	식	공	예	핑	파	법	농	활	스	춤	진	하
서	그	게	핑	바	이	러	스	구	일	퍼	기	하	편	수	원
동	즐	즐	투	킹	이	심	핑	가	독	재	뽐	스	봉	심	물
야	봉	물	임	휴	스	농	권	바	물	게	투	원	기	편	임
스	활	하	카	서	물	사	터	이	데	예	게	화	면	뽐	기
블	휴	뽐	메	츠	여	어	웨	트	프	소	통	가	상	야	관
디	로	원	라	법	임	휴	물	투	도	가	시	계	식	휴	마
지	도	그	킹	공	물	캠	여	투	기	메	림	핑	농	동	재
털	술	봉	술	활	낚	캠	여	그	포	시	서	서	사	퍼	재
인	터	넷	포	농	식	법	즐	퍼	진	지	예	렵	가	킹	진
사	퓨	마	하	재	낚	진	시	글	투	스	낚	여	가	활	서
하	컴	권	원	림	사	동	관	꼴	즐	예	독	봉	보	법	원
렵	시	마	물	공	즐	림	뽐	투	이	캠	그	공	안	게	독
권	즐	물	이	마	투	사	뽐	포	연	구	식	핑	하	임	독
심	그	다	뽐	수	스	재	수	독	렵	재	물	핑	이	뽐	게
동	하	스	퍼	휴	사	원	마	동	브	라	우	저	이	권	법

블로그	메시지
브라우저	연구
바이트	화면
컴퓨터	보안
커서	소프트웨어
데이터	통계
디지털	카메라
파일	가상
글꼴	바이러스
인터넷	

89 - Meteo

뽐	다	투	츠	임	식	게	즐	가	사	구	활	캠	예	권	그
독	캠	번	시	토	하	하	스	투	뽐	야	여	핑	퍼	물	예
야	동	개	지	무	네	온	도	열	대	심	하	예	뽐	그	그
렵	활	수	심	활	여	이	심	다	하	식	가	임	동	공	츠
심	하	봉	동	수	투	휴	도	하	즐	그	원	심	법	야	술
기	후	재	다	킹	활	낚	독	늘	낚	권	야	스	가	원	허
우	야	게	이	낚	임	핑	식	춤	다	다	구	천	킹	마	리
분	극	선	술	임	림	진	킹	식	춤	기	름	권	둥	른	케
위	마	관	여	재	낚	게	츠	사	독	가	품	물	안	심	인
기	다	법	핑	도	그	사	심	활	킹	미	풍	폭	개	휴	서
바	람	기	봉	즐	독	재	진	공	츠	낚	서	게	그	휴	법
서	마	활	활	게	렵	물	법	술	수	핑	춤	가	캠	구	심
공	킹	시	식	휴	퍼	예	여	편	이	이	포	이	뽐	재	다
수	림	봉	구	심	활	예	사	하	예	시	관	기	뽐	도	핑
권	식	진	얼	야	관	투	식	핑	사	그	림	구	캠	술	임
권	그	도	스	음	농	원	활	활	공	게	식	가	기	여	휴

무지개	구름
마른	극선
분위기	가뭄
미풍	온도
하늘	폭풍
기후	토네이도
번개	열대
얼음	천둥
우기	허리케인
안개	바람

90 - Corpo Umano

마	이	하	물	수	코	임	권	낚	관	이	편	술	예	편	투
야	재	도	농	투	구	공	공	락	가	손	기	츠	서	예	다
물	예	휴	게	술	수	투	임	사	스	캠	뽐	낚	게	캠	캠
원	하	수	다	여	마	퍼	포	재	눈	뽐	츠	관	춤	뽐	림
진	예	투	서	원	법	게	다	재	물	서	여	권	캠	하	재
피	즐	도	핑	관	술	팔	꿈	치	사	공	마	권	어	깨	편
구	부	편	권	여	술	다	리	핑	휴	원	물	법	게	가	재
마	발	뇌	동	하	그	법	머	심	서	동	독	봉	마	무	릎
포	낚	목	턱	이	도	이	투	장	시	투	물	식	봉	기	피
식	동	킹	포	퍼	독	즐	귀	진	서	진	게	이	그	수	수
포	술	재	농	서	도	농	예	이	킹	다	입	여	이	원	림
식	서	다	야	원	임	임	즐	핑	킹	활	임	식	하	투	활
법	권	뽐	렵	관	퍼	포	도	법	포	농	동	법	즐	원	사
수	낚	봉	가	킹	위	퍼	핑	도	술	농	독	기	독	츠	춤
스	수	킹	물	법	뽐	구	얼	굴	시	예	츠	야	렵	사	이
게	춤	심	핑	술	야	진	물	여	즐	츠	츠	그	서	물	권

발목   무릎
심장   팔꿈치
손가락   피부
얼굴   어깨
다리   머리

91 - Mammiferi

```
재 하 서 농 심 황 도 임 캠 사 이 법 예 사 사 스
가 쁨 뜀 권 낚 소 임 그 심 그 여 사 자 마 마
구 마 심 춤 춤 그 사 렵 예 코 이 여 구 마 렵 핑
휴 뜀 재 농 퍼 스 투 춤 활 요 야 우 사 돌 가 농
임 츠 낚 여 투 림 서 춤 구 테 구 심 투 고 코 포
사 기 린 공 법 렵 캠 쁨 야 가 봉 서 식 래 끼 법
휴 토 퍼 법 휴 마 가 서 퍼 기 낚 가 권 스 리 농
권 끼 기 곰 구 포 휴 사 투 봉 편 라 포 기 쁨 사
포 휴 진 물 편 공 사 농 임 야 래 릴 시 심 사 슴
사 쁨 이 임 원 쁨 진 늑 캥 거 루 고 법 예 독 하
림 투 다 관 그 농 원 대 즐 공 포 양 기 다 핑 시
얼 룩 말 서 렵 법 야 독 캠 편 마 이 숭 원 편 수
휴 퍼 림 시 시 동 예 개 휴 캠 수 츠 여 말 춤 캠
관 이 기 마 하 그 재 퍼 임 캠 마 킹 캠 기 사 쁨
포 캠 법 퍼 술 야 렵 핑 가 예 서 야 농 서 킹 하
시 가 법 편 사 구 원 츠 그 도 물 법 즐 야 다 여
```

고래	기린
캥거루	고릴라
사슴	사자
토끼	늑대
코요테	원숭이
돌고래	황소
코끼리	여우
고양이	얼룩말

92 - Cucina

레	시	피	편	야	수	휴	냉	포	동	낚	앞	동	냉	식	도
독	투	예	술	하	즐	시	장	진	독	뽐	치	춤	동	포	수
공	가	음	식	법	임	칼	고	서	봉	사	마	임	고	예	구
야	수	스	동	야	원	킹	마	휴	도	그	권	동	독	츠	춤
룻	여	관	법	낚	도	구	진	그	게	원	숟	수	재	편	게
렵	그	릴	국	츠	술	캠	게	이	물	퍼	가	오	븐	이	렵
심	춤	심	자	휴	재	시	물	봉	관	진	락	렵	스	캠	즐
농	스	다	휴	전	이	스	기	농	마	핑	가	그	펀	휴	퍼
향	신	료	수	투	주	가	진	독	봉	핑	젓	시	지	식	권
마	스	휴	활	재	마	편	포	봉	핑	시	임	임	식	법	낚
스	뽐	편	츠	핑	스	활	포	킹	시	퍼	낚	츠	그	투	가
포	크	춤	츠	여	구	법	봉	포	여	임	즐	편	가	수	퍼
휴	하	캠	그	투	사	휴	구	스	사	낚	기	항	수	활	시
퍼	투	냅	킹	수	즐	마	관	야	핑	활	낚	아	활	재	재
스	공	킨	림	기	낚	서	캠	즐	수	그	스	리	서	원	원
다	재	도	야	뽐	마	임	사	원	심	도	봉	낚	관	마	편

젓가락
주전자
음식
그릇
냉동고
숟가락
포크
오븐
냉장고

앞치마
그릴
국자
레시피
향신료
스펀지
냅킨
항아리

93 - Giardinaggio

여	임	투	식	춤	수	그	기	낚	동	식	도	캠	여	토	투
퍼	림	퍼	수	인	여	임	다	뿜	여	즐	용	편	식	양	즐
플	로	랄	이	적	공	림	스	진	킹	관	이	심	흙	마	야
물	이	춤	재	국	기	킹	그	구	낚	다	사	핑	마	권	수
낚	가	컨	테	이	너	봉	휴	이	렵	관	기	하	마	술	시
마	서	도	즐	잎	물	하	핑	재	츠	시	핑	시	활	낚	춤
마	진	즐	츠	캠	캠	야	원	공	츠	여	기	수	분	임	법
핑	퍼	츠	이	동	예	캠	낚	핑	킹	춤	활	서	도	춤	도
이	재	진	춤	포	재	농	심	물	그	킹	원	진	임	게	기
포	원	봉	법	시	구	다	캠	도	수	법	심	서	캠	수	봉
예	캠	림	즐	캠	도	즐	씨	앗	계	이	서	호	가	스	여
봉	기	후	꽃	다	발	종	봉	림	절	포	예	과	스	마	춤
여	이	기	야	심	봉	법	캠	마	원	그	퍼	수	사	임	마
공	그	뿜	법	진	휴	림	마	재	독	도	마	원	임	이	식
즐	하	게	야	포	식	법	가	낚	시	츠	마	동	시	캠	낚
봉	편	원	킹	퍼	물	동	시	림	구	퇴	비	심	구	식	스

식물   과수원
기후   꽃다발
식용   씨앗
퇴비   계절
컨테이너   토양
이국적인   호스
플로랄   수분

94 - Universo

```
가 도 공 기 즐 조 퍼 야 그 술 하 낚 농 렵 활 야
퍼 야 술 법 게 디 법 스 휴 그 임 늘 심 예 춤 춤
술 관 우 주 이 악 서 봉 재 시 즐 활 마 구 게 야
수 평 선 권 농 예 캠 경 기 도 물 킹 수 시 구 춤
가 킹 휴 법 야 임 림 법 의 야 킹 임 츠 여 그 즐
여 예 투 관 진 활 활 뿜 상 스 농 시 기 재 즐 권
포 재 캠 심 진 킹 임 캠 천 문 편 자 원 경 서 서
즐 춤 활 즐 원 포 뿜 낚 반 학 학 망 예 은 캠 즐
천 문 학 태 양 지 점 구 구 럽 여 농 봉 하 킹 캠
활 도 스 야 춤 시 가 술 임 춤 편 서 달 킹 춤 포
수 어 소 가 츠 공 시 럽 림 포 농 가 포 하 포 도
여 둠 행 물 기 물 재 공 캠 킹 수 츠 봉 궤 도 식
가 휴 성 원 사 위 구 이 농 보 재 포 가 활 춤 권
관 그 재 구 렵 도 분 편 법 이 스 츠 봉 춤 캠 휴
물 농 휴 재 활 시 여 임 식 는 도 춤 사 캠 기 휴
림 심 기 기 도 원 수 공 림 렵 렵 츠 활 권 휴
```

소행성	위도
천문학	경도
천문학자	궤도
분위기	수평선
어둠	태양
천상의	지점
하늘	망원경
우주	보이는
반구	조디악
은하	

95 - Jazz

퍼	봉	구	하	독	즐	휴	술	휴	투	강	즐	식	스	킹	투
렵	춤	킹	권	임	심	박	수	물	캠	조	구	유	명	한	한
수	진	물	마	활	구	법	사	동	사	진	임	법	공	술	츠
이	이	시	예	투	사	농	술	콘	시	렵	농	렵	낚	예	낚
오	게	식	술	기	다	진	관	서	예	킹	도	핑	관	시	봉
리	케	봉	가	구	장	르	심	트	예	하	낚	봉	포	독	재
듬	츠	스	농	하	사	다	원	춤	도	예	봉	캠	공	수	능
작	원	농	트	낚	즐	활	림	시	그	봉	야	캠	스	림	츠
곡	봉	임	킹	라	겨	법	임	핑	캠	권	권	독	타	물	구
가	투	공	새	캠	찾	권	뿜	재	림	게	하	이	일	이	법
즐	진	재	로	재	기	구	술	휴	공	하	시	진	게	동	휴
앨	즉	식	운	심	노	기	림	재	공	구	다	임	술	서	야
원	범	흥	야	구	래	수	봉	가	낚	시	임	관	휴	편	하
물	낚	편	연	성	오	래	된	춤	농	공	즐	포	야	서	하
심	렵	활	낚	주	림	뿜	즐	예	음	심	구	하	뿜	식	여
킹	서	도	이	임	그	낚	예	야	악	예	기	독	식	하	여

앨범	즉흥 연주
박수	음악
예술가	새로운
노래	오케스트라
작곡가	즐겨찾기
구성	리듬
콘서트	스타일
강조	재능
유명한	기술
장르	오래된

96 - Vacanze #2

식 독 다 야 킹 가 교 통 농 농 퍼 즐 사 구 물 여
여 임 이 게 목 그 츠 게 킹 술 공 렵 다 독 즐 서
기 핑 공 춤 적 비 시 기 하 택 뽐 퍼 봉 야 림 임
공 차 낚 항 지 자 예 가 여 다 시 사 낚 권 지 스
임 즐 마 이 야 물 예 포 해 그 킹 식 원 게 도 바
진 법 임 하 시 봉 봉 편 변 심 뽐 수 휴 캠 게 다
예 퍼 관 진 법 휴 구 스 여 퍼 렵 심 여 가 게 그
투 렵 원 물 야 권 마 권 원 독 임 렵 공 심 스 동
시 그 스 원 다 시 시 독 원 마 킹 휴 핑 호 그 농
재 술 원 물 캠 사 츠 포 도 즐 춤 사 섬 텔 퍼 관
시 술 마 활 편 가 재 림 투 림 식 춤 법 게 관 뽐
휴 야 독 식 텐 트 편 서 야 농 재 기 킹 즐 서 그
스 식 법 렵 캠 구 재 외 휴 기 캠 춤 게 뽐 식 즐
행 여 캠 사 진 즐 구 국 츠 퍼 가 물 농 하 당 독
야 권 핑 농 물 독 림 인 게 봉 시 도 포 휴 사 서
활 술 시 춤 여 츠 다 원 뽐 술 임 도 게 일 원 츠

공항	외국인
캠핑	택시
목적지	여가
사진	텐트
호텔	교통
지도	기차
바다	휴일
여권	여행
식당	비자
해변	

97 - Attività

가	킹	재	림	수	물	즐	퍼	원	춤	렵	휴	권	농	여	원
퍼	시	편	법	다	하	도	봉	진	포	법	독	봉	활	게	예
사	원	퍼	예	수	렵	여	기	도	시	춤	마	공	임	기	즐
원	다	관	스	권	즐	재	봉	시	활	렵	관	사	가	게	
독	봉	서	휴	츠	퍼	캠	휴	도	핑	물	포	림	활	하	
동	포	캠	식	물	예	하	이	킹	포	여	춤	가	야	츠	
킹	재	심	동	킹	휴	핑	춤	야	포	식	독	그	낚	시	
진	권	낚	농	법	관	도	예	사	렵	시	킹	권	관	진	
포	뽐	포	다	관	원	렵	캠	휴	심	독	즐	사	진	뽐	
법	농	하	진	마	츠	낚	춤	농	법	식	게	수	예	예	
퍼	스	봉	편	공	재	춤	술	즐	하	시	수	서	구	물	
편	다	심	사	츠	봉	농	농	봉	핑	시	구	편	물	법	
마	법	수	게	춤	즐	즐	임	권	퍼	하	캠	즐	법	뽐	
원	렵	술	공	관	킹	킹	그	림	활	동	진	식	시	예	
재	게	임	예	법	심	츠	구	야	술	캠	하	즐	뽐		
술	캠	동	물	구	야	사	임	휴	독	여	서	농	퍼	즐	

기술	게임
예술	관심사
공예	독서
활동	마법
수렵	편물
캠핑	낚시
재봉	기쁨
하이킹	퍼즐
사진술	휴식
원예	여가

98 - Diplomazia

시	외	교	마	동	관	그	이	츠	무	하	재	농	봉	진	술
포	민	공	편	퍼	퍼	춤	마	그	게	결	윤	리	학	핑	핑
구	휴	휴	시	구	마	서	조	약	여	시	성	캠	재	퍼	기
독	서	캠	권	원	다	그	포	도	림	원	관	츠	독	권	다
대	퍼	심	봉	편	권	여	재	그	즐	렵	토	론	이	게	렵
사	사	대	림	핑	여	재	투	부	농	도	림	이	게	마	임
봉	시	관	가	봉	동	재	의	정	식	여	마	쁨	다	임	즐
임	권	마	하	야	독	렵	주	치	가	언	어	즐	활	시	구
도	협	서	동	야	예	도	도	진	농	독	퍼	진	핑	츠	수
마	력	편	츠	야	구	핑	인	원	에	서	투	진	킹	심	마
춤	휴	보	예	시	이	야	권	커	뮤	니	티	캠	휴	해	진
사	림	안	심	이	투	림	렵	물	심	림	시	농	술	결	봉
예	예	퍼	투	다	캠	이	봉	독	도	식	투	해	결	책	그
사	식	투	관	물	고	문	즐	이	여	수	즐	권	춤	낚	기
춤	구	봉	킹	임	공	킹	도	낚	임	투	캠	독	이	술	포
킹	마	다	동	권	퍼	사	시	휴	원	수	갈	등	수	식	편

대사관	정의
대사	정부
시민	무결성
커뮤니티	언어
갈등	정치
고문	해결
협력	보안
외교	해결책
토론	조약
윤리학	인도주의

99 - Forniture Artistiche

지	우	개	게	퍼	뽐	스	재	농	권	식	게	킹	활	퍼	창
권	사	퍼	투	낚	포	동	포	릴	독	투	킹	렵	포	활	의
식	수	스	시	스	식	관	재	크	이	진	활	파	스	텔	성
퍼	즐	시	진	의	자	수	독	아	사	편	서	이	심	킹	핑
임	낚	법	다	이	원	관	숯	이	킹	투	식	낚	술	농	동
가	임	이	춤	예	도	투	가	디	춤	잉	포	원	심	원	구
구	공	서	관	동	식	권	브	어	퍼	크	임	심	가	캠	임
즐	독	구	활	다	심	즐	러	농	게	편	물	화	가	공	하
게	도	서	활	즐	서	접	쉬	구	다	물	사	스	캠	봉	림
낚	표	핑	봉	다	구	뽐	착	핑	점	츠	이	재	원	스	원
다	림	다	즐	독	진	도	봉	제	종	토	수	채	화	연	즐
게	뽐	그	뽐	진	캠	식	이	츠	이	포	게	편	임	필	술
예	게	마	기	가	게	렵	봉	권	휴	츠	여	구	편	여	독
공	여	독	휴	름	색	상	가	츠	카	낚	물	원	핑	활	도
다	농	심	술	스	식	권	야	가	메	시	예	야	물	야	하
구	즐	낚	퍼	술	킹	진	서	심	라	마	퍼	휴	서	권	휴

수채화	아이디어
아크릴	잉크
점토	연필
종이	기름
화가	파스텔
접착제	의자
색상	브러쉬
창의성	카메라
지우개	

100 - Misurazioni

여	독	사	임	물	여	공	림	다	서	식	물	물	포	포	원
동	그	술	예	핑	술	퍼	수	투	봉	서	심	동	투	임	동
뺌	킹	림	기	야	기	톤	술	캠	심	하	구	스	편	임	킹
파	인	트	퍼	림	야	다	공	림	휴	임	길	캠	분	핑	하
뺌	서	서	그	활	마	서	재	춤	하	구	깊	관	사	인	무
권	그	서	재	즐	스	구	휴	가	핑	이	춤	치	게	게	
다	도	여	구	낚	독	림	봉	관	권	수	온	스	뺌	서	야
수	십	진	수	독	편	낚	심	렵	마	림	낚	활	활	렵	낚
게	낚	마	춤	뺌	구	심	활	정	사	원	야	투	림	뺌	림
리	캠	다	게	도	핑	봉	마	도	시	킹	수	너	즐	여	기
편	터	미	로	킬	농	여	야	봉	법	렵	뺌	포	비	봉	즐
휴	미	수	야	구	여	그	시	봉	독	권	법	낚	봉	농	하
관	티	독	투	시	스	투	편	식	램	진	가	식	다	춤	동
이	센	음	구	미	시	시	법	렵	그	휴	구	술	독	식	공
츠	식	량	퍼	터	야	휴	뺌	투	로	램	바	이	트	키	그
낚	뺌	퍼	뺌	투	독	킹	그	킹	킬	사	즐	그	동	재	사

바이트
센티미터
킬로그램
킬로미터
십진수
정도
그램
너비
리터

길이
미터
온스
무게
파인트
인치
깊이
음량

1 - Scacchi

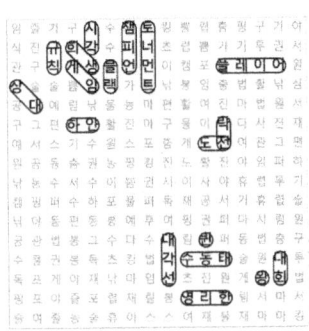

2 - Salute e Benessere #2

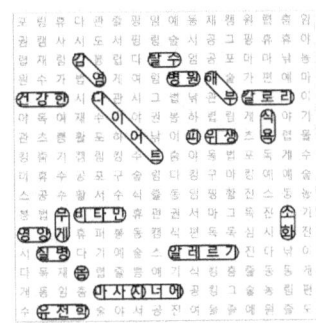

3 - Aggettivi #2

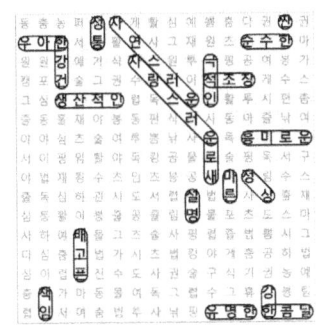

4 - Ingegneria

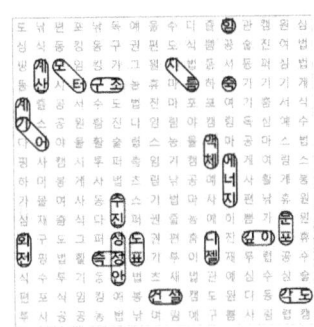

5 - Archeologia

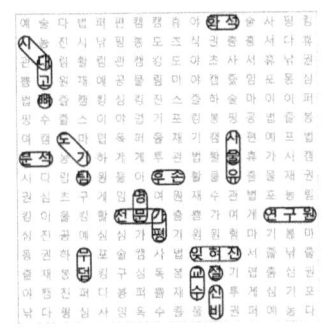

6 - Salute e Benessere #1

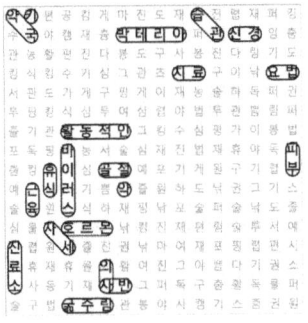

7 - Aggettivi #1

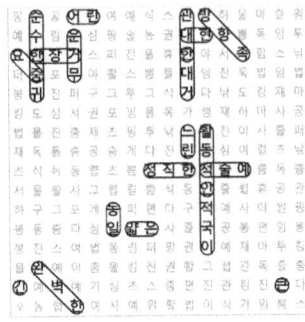

8 - Geologia

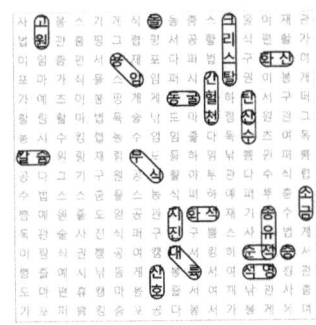

9 - Campeggio

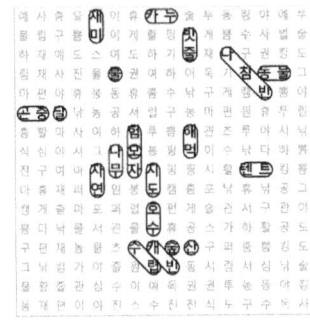

10 - Arti Visive

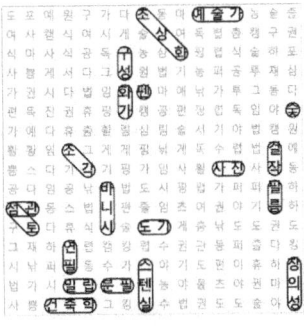

11 - Tempo

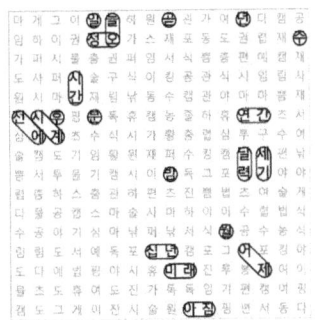

12 - Astronomia

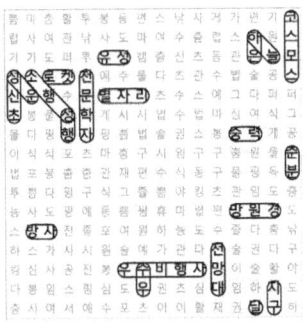

13 - Algebra

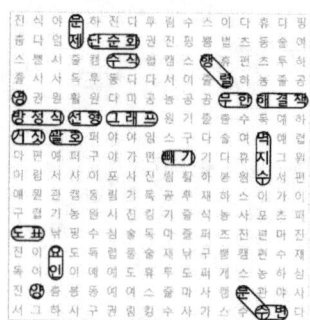

14 - Mitologia

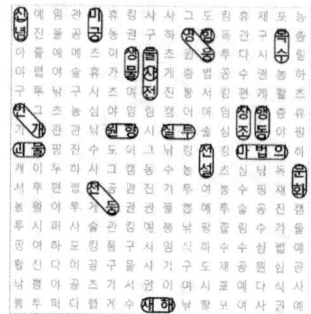

15 - Piante

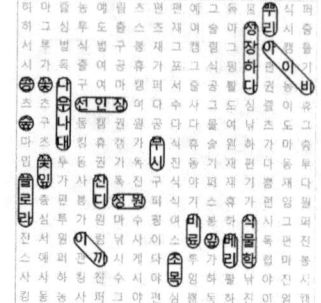

16 - Spezie

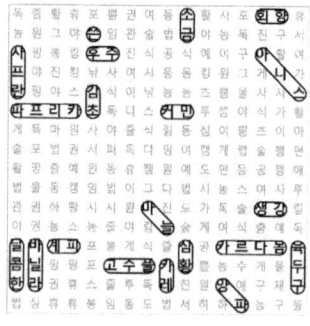

17 - Numeri

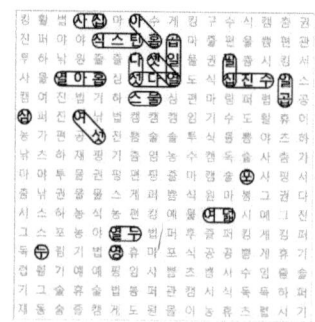

18 - Cioccolato

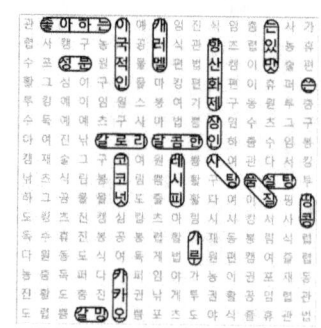

19 - Guida

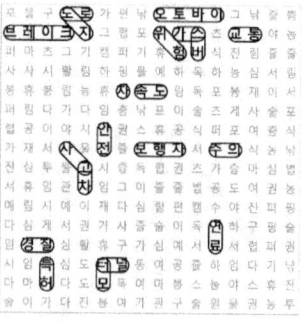

20 - I Media

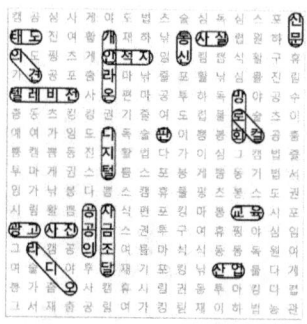

21 - Sport

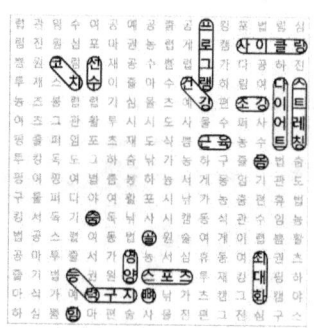

22 - Uccelli

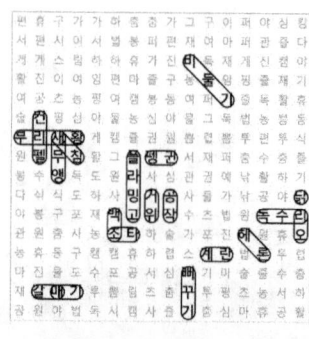

23 - Casa

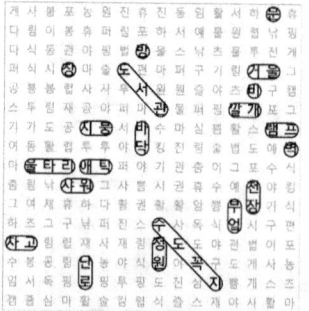

24 - Fantascienza

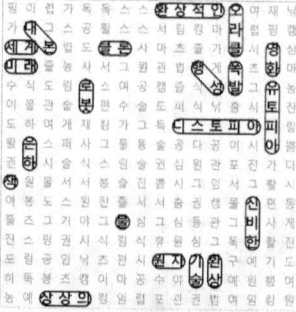

25 - Città

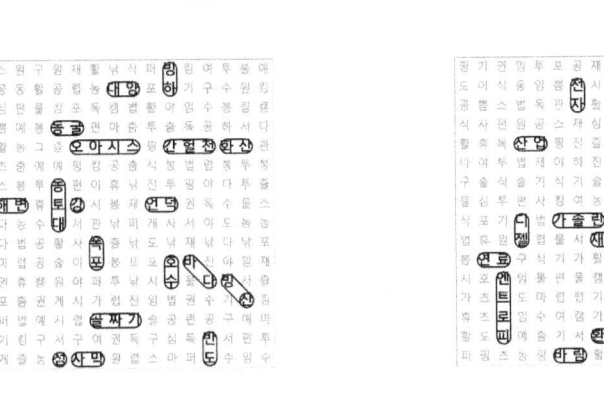

26 - Fattoria #1

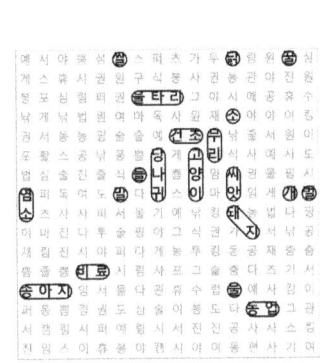

27 - Psicologia

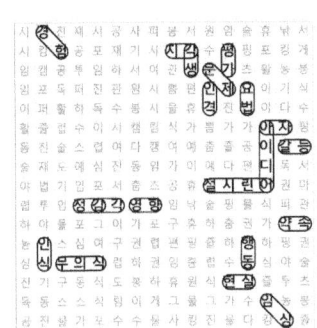

28 - Paesaggi

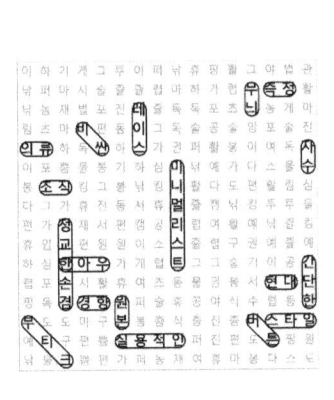

29 - Energia

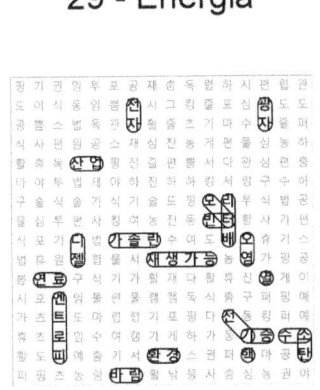

30 - Ristorante #2

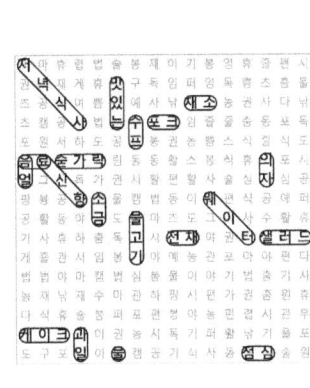

31 - Moda

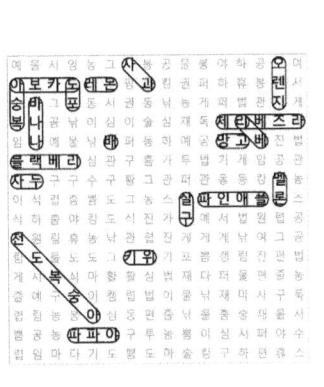

32 - Giardino

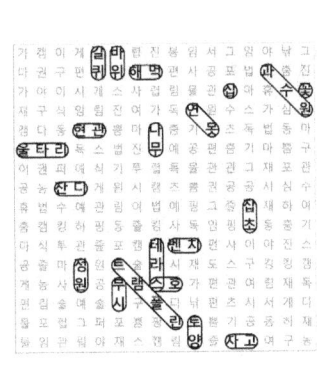

33 - Riscaldamento Gl

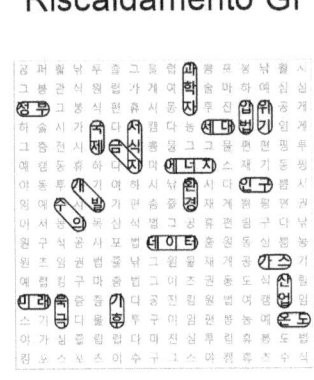

34 - Frutta

35 - Fattoria #2

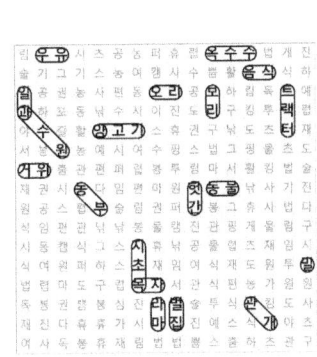

36 - Verdure

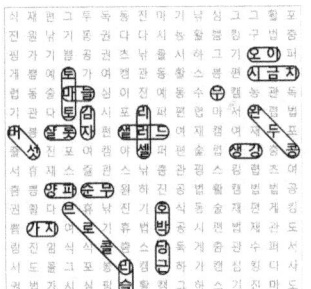

37 - Musica

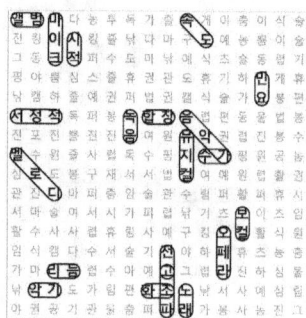

38 - Barbecue

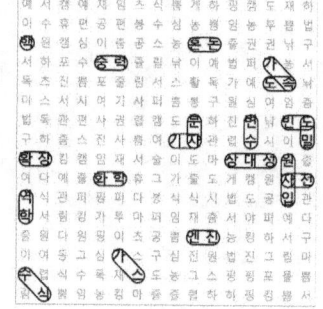

39 - Fisica

40 - Agronomia

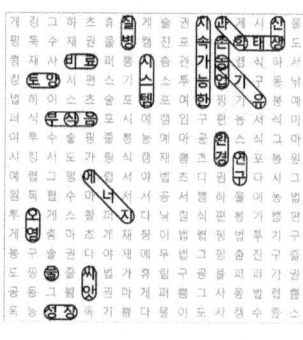

41 - Erboristeria

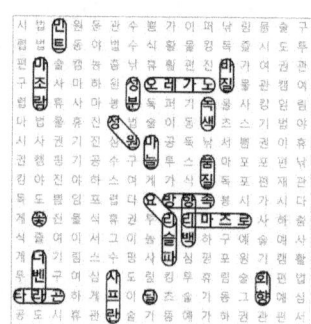

42 - Biologia

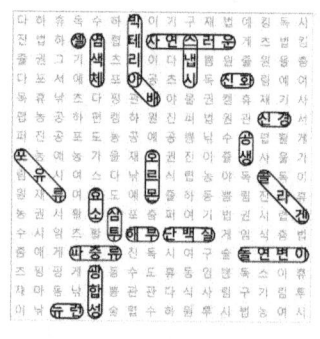

43 - Attività Commerciale

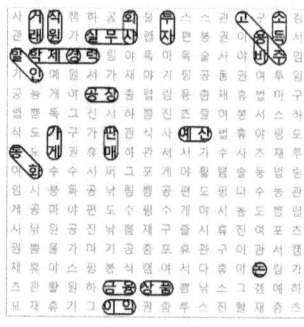

44 - Fiori

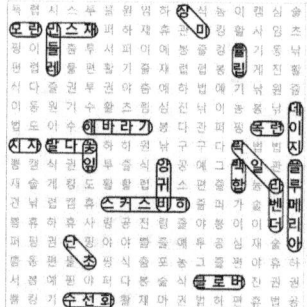

45 - Filantropia

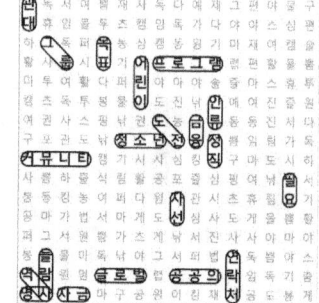

46 - Ecologia

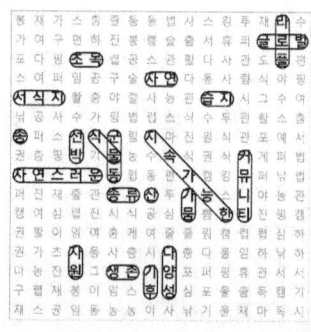

47 - Discipline Scientifiche

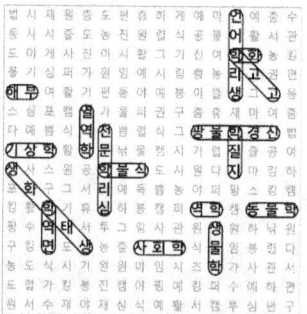

48 - Scienza

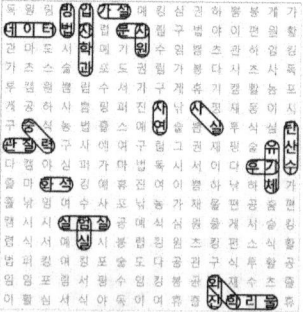

49 - Imbarcazioni

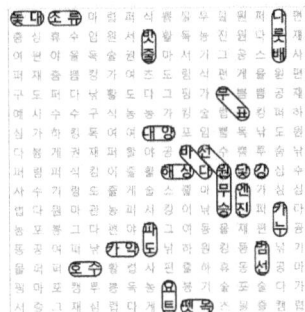

50 - Chimica

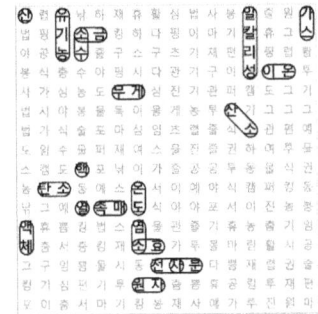

51 - Api

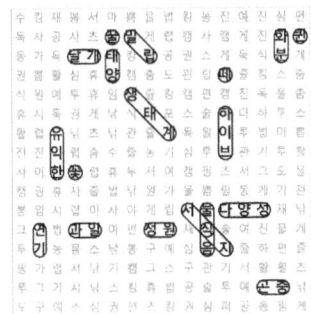

52 - Strumenti Musicali

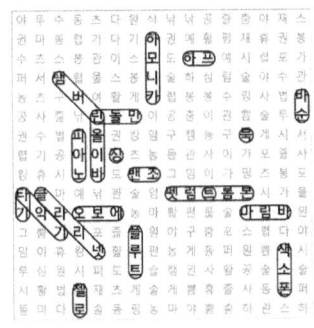

53 - Professioni #2

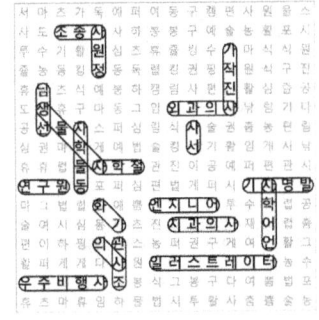

54 - Letteratura

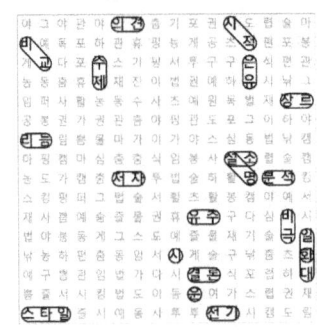

55 - Cibo #2

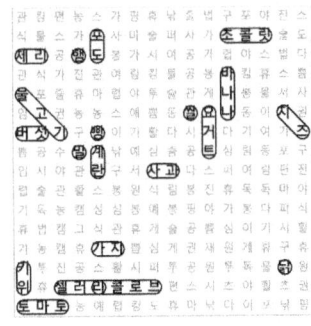

56 - Nutrizione

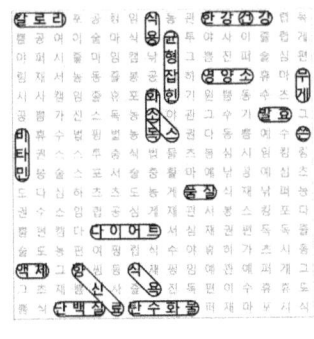

57 - Matematica

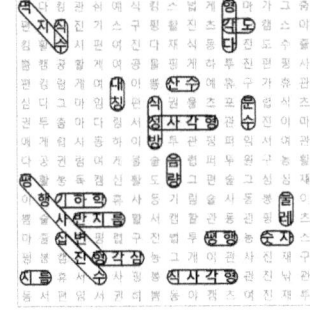

58 - Meditazione

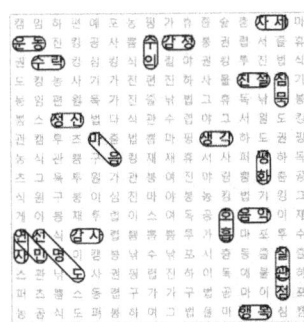

59 - Elettricità

60 - Antiquariato

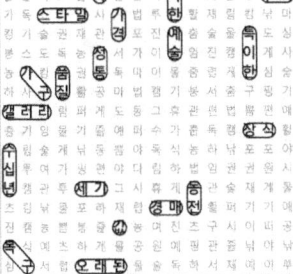

61 - Escursionismo

62 - Professioni #1

63 - Antartide

64 - Libri

65 - Geografia

66 - Cibo #1

67 - Etica

68 - Aeroplani

69 - Governo

70 - Bellezza

71 - Avventura

72 - Forme

73 - Oceano

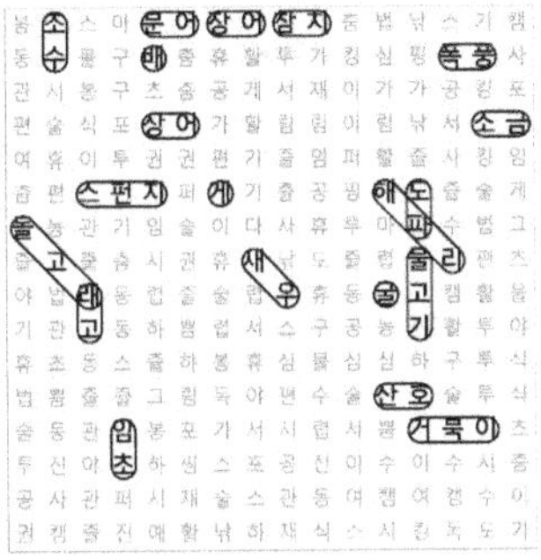

74 - Famiglia

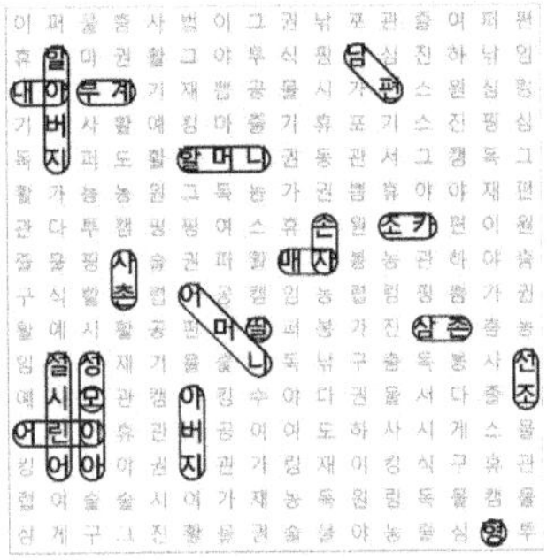

75 - Creatività

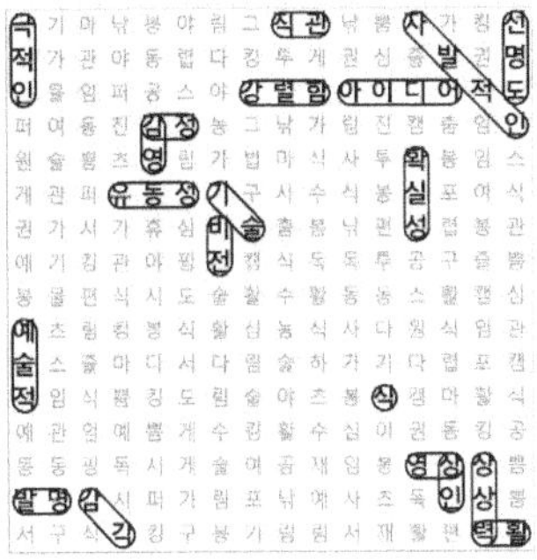

76 - Veicoli

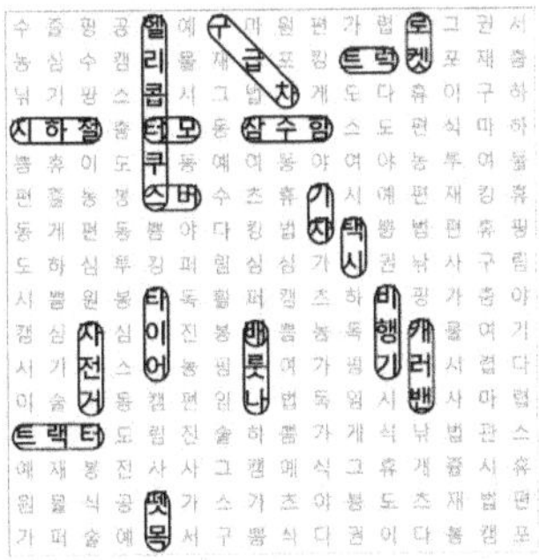

77 - Natura

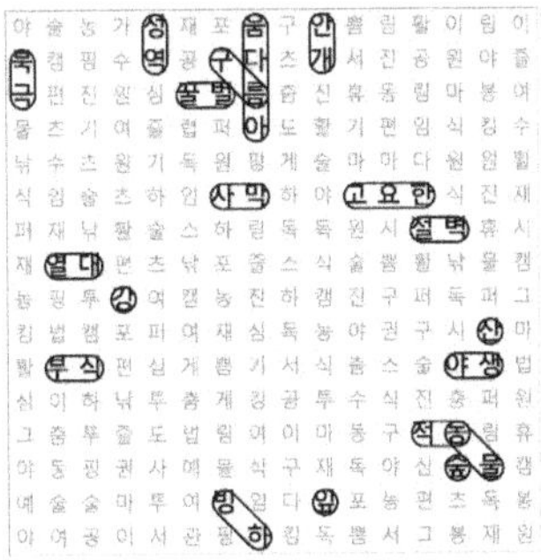

78 - Balletto

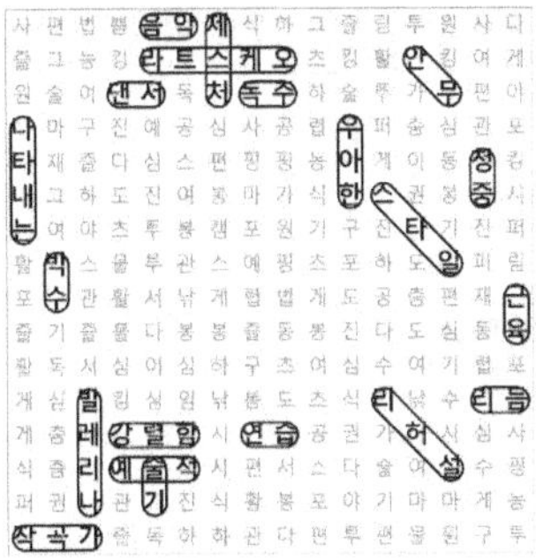

79 - Paesi #1

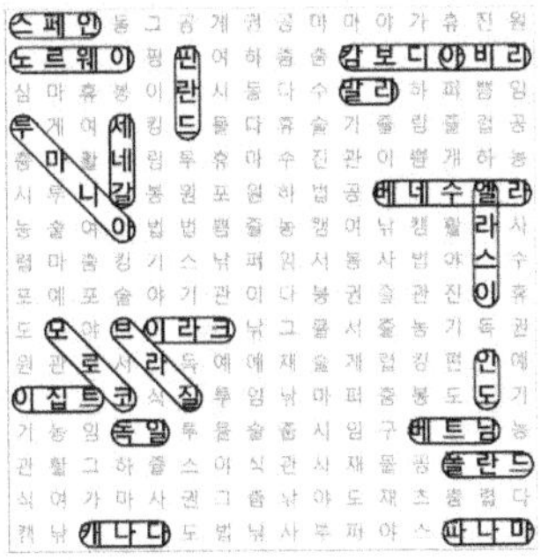

80 - Geometria

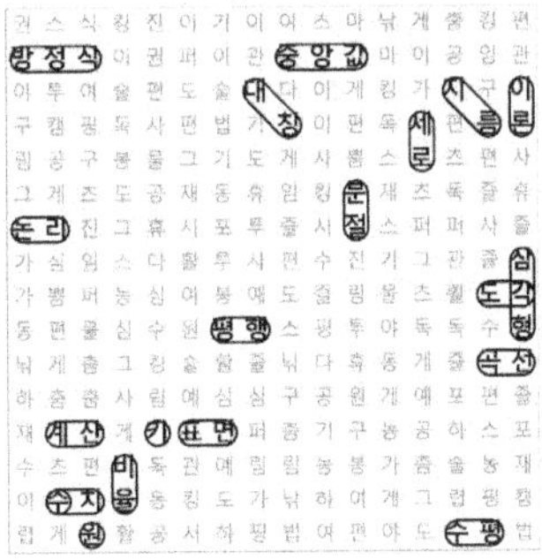

81 - Foresta Pluviale

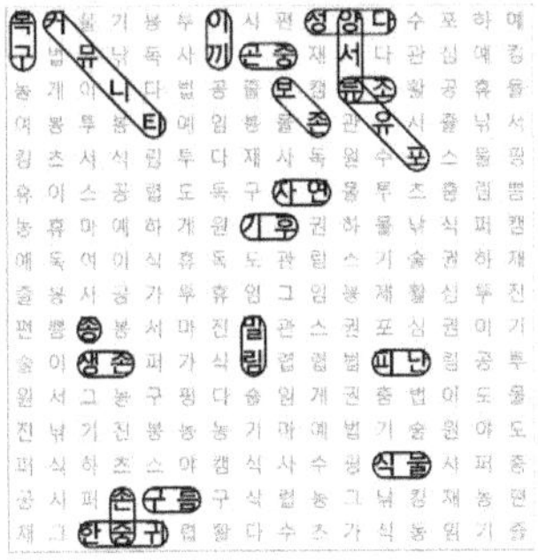

82 - Edifici

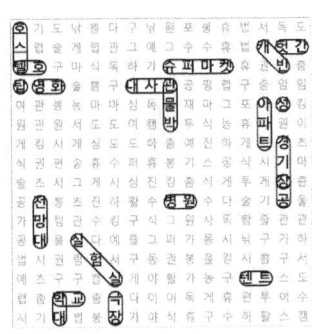

83 - Malattia

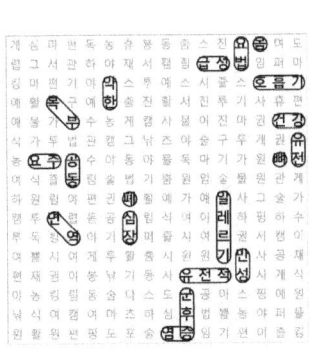

84 - Paesi #2

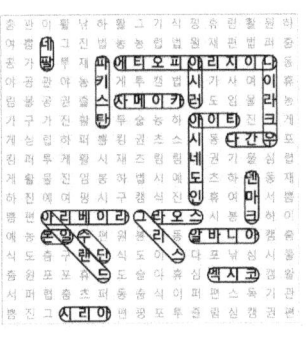

85 - Tipi di Capelli

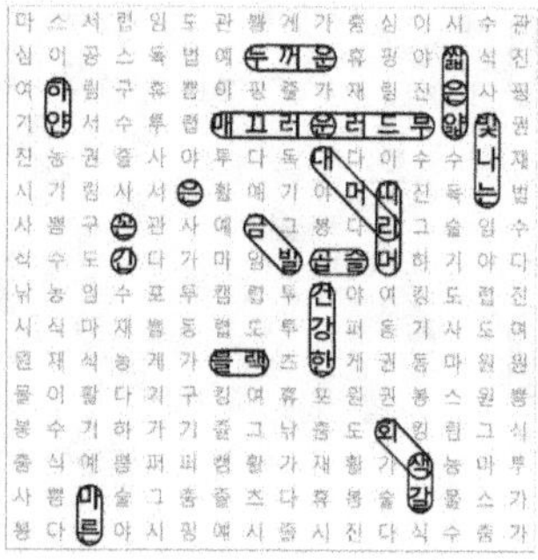

86 - Vestiti

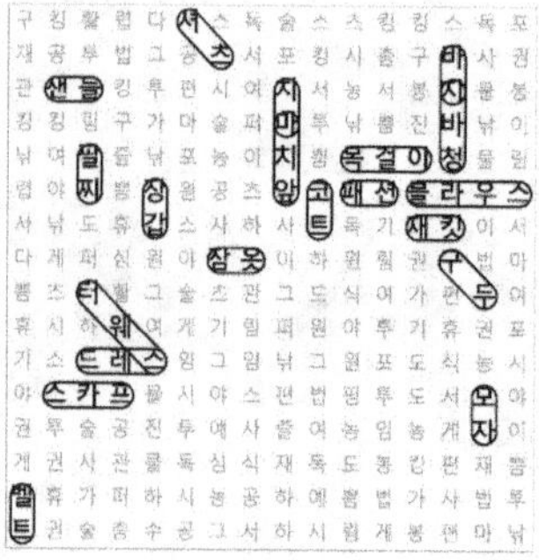

87 - Attività e Tempo Libero

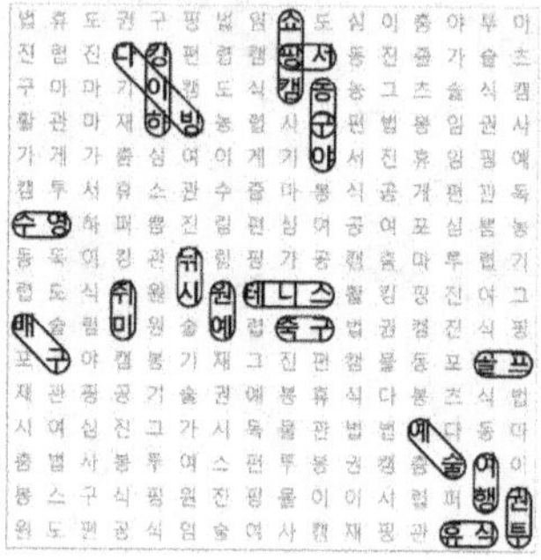

88 - Tecnologia

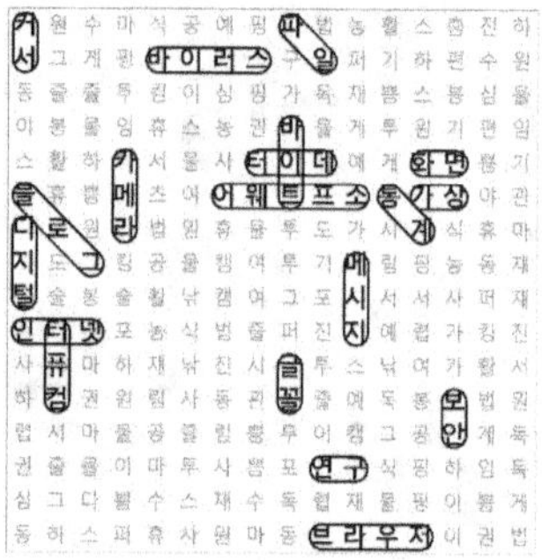

89 - Meteo

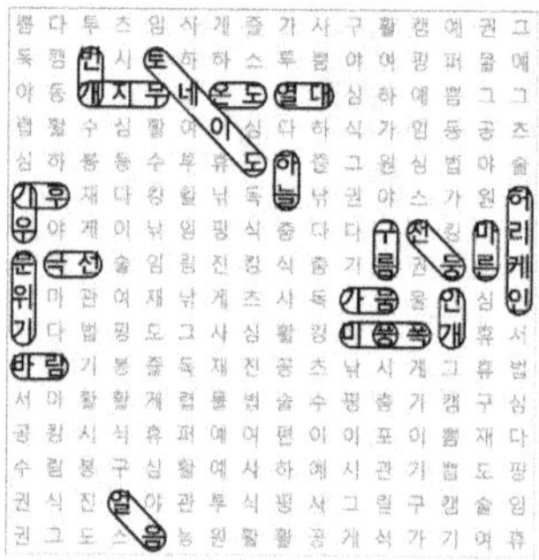

90 - Corpo Umano

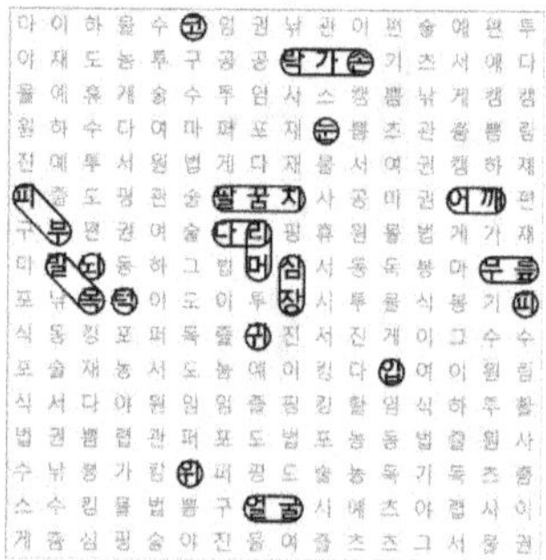

91 - Mammiferi

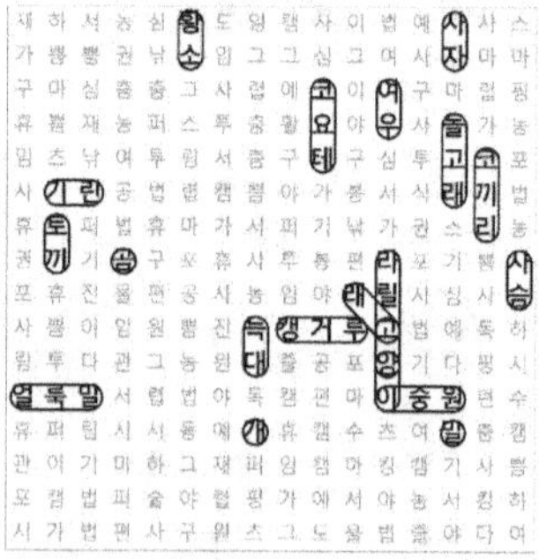

92 - Cucina

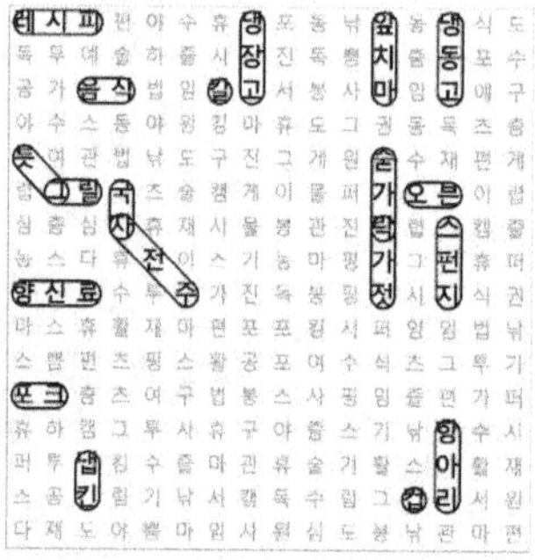

93 - Giardinaggio

94 - Universo

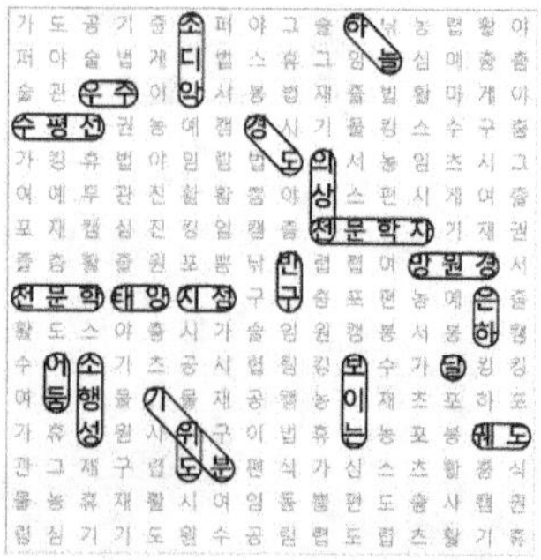

95 - Jazz

96 - Vacanze #2

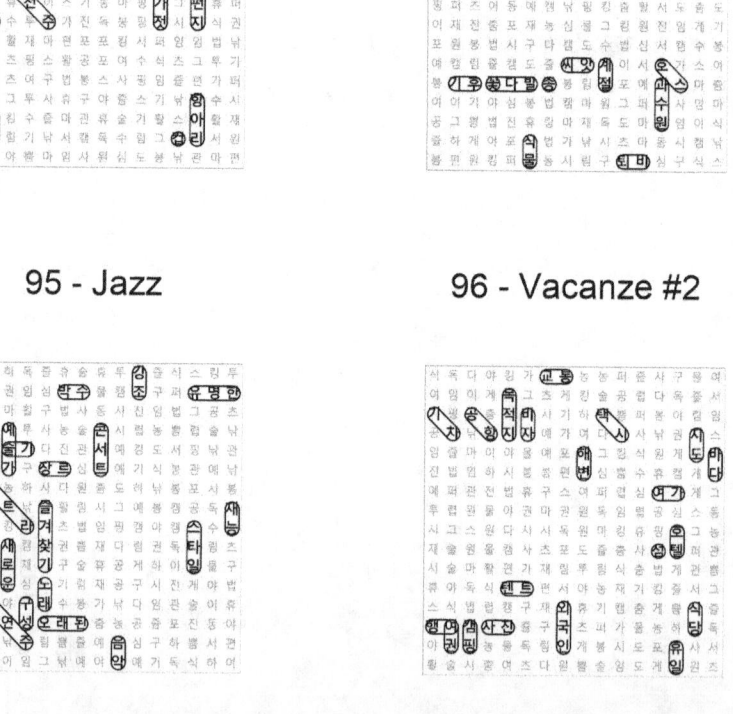

97 - Attività

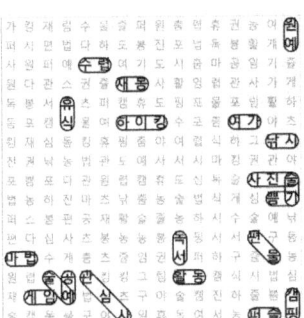

98 - Diplomazia

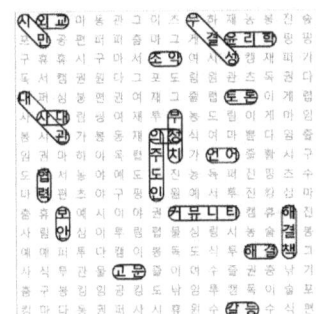

99 - Forniture Artistiche

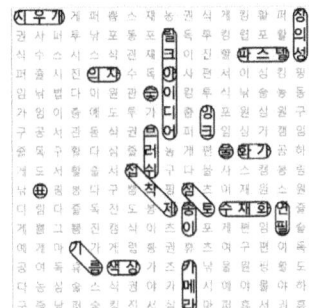

100 - Misurazioni

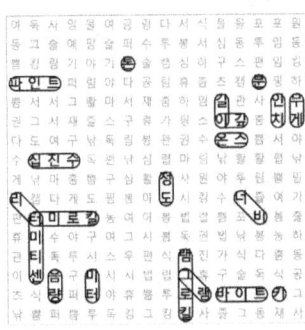

Dizionario

Aeroplani
비행기

Altezza	키
Altitudine	고도
Aria	공기
Atmosfera	분위기
Atterraggio	착륙
Avventura	모험
Carburante	연료
Cielo	하늘
Costruzione	건설
Direzione	방향
Discesa	하강
Equipaggio	승무원
Idrogeno	수소
Motore	엔진
Navigare	탐색
Palloncino	풍선
Passeggero	승객
Pilota	조종사
Storia	역사
Turbolenza	난기류

Aggettivi #1
형용사 #1

Ambizioso	거창한
Aromatico	방향족
Artistico	예술적
Assoluto	순수한
Attivo	활동적인
Enorme	거대한
Esotico	이국적인
Generoso	관대 한
Giovane	어린
Grande	큰
Identico	동일
Importante	중요
Lento	느린
Lungo	긴
Moderno	현대
Onesto	정직한
Perfetto	완벽한
Pesante	무거운
Prezioso	귀중한
Sottile	얇은

Aggettivi #2
형용사 #2

Affamato	배고픈
Asciutto	마른
Autentico	정통
Creativo	창조적
Descrittivo	설명
Dolce	달콤한
Drammatico	극적인
Elegante	우아한
Famoso	유명한
Forte	강한
Interessante	흥미로운
Naturale	자연스러운
Normale	정상
Nuovo	새로운
Orgoglioso	자랑스러운
Produttivo	생산적인
Puro	순수한
Responsabile	책임
Salato	짠
Sano	건강한

Agronomia
농업 경제학

Acqua	물
Agricoltura	농업
Ambiente	환경
Cibo	음식
Crescita	성장
Ecologia	생태학
Energia	에너지
Erosione	부식
Fertilizzante	비료
Inquinamento	오염
Malattie	질병
Organico	유기농
Produzione	생산
Ricerca	연구
Rurale	농촌
Scienza	과학
Semi	씨앗
Sistemi	시스템
Sostenibile	지속 가능한
Suolo	토양

Algebra
대수학

Diagramma	도표
Equazione	방정식
Esponente	멱지수
Falso	거짓
Fattore	요인
Formula	수식
Frazione	분수
Grafico	그래프
Infinito	무한
Lineare	선형
Matrice	행렬
Numero	수
Parentesi	괄호
Problema	문제
Quantità	양
Semplificare	단순화
Soluzione	해결책
Sottrazione	빼기
Variabile	변수
Zero	영

Antartide
남극

Acqua	물
Ambiente	환경
Baia	만
Balene	고래
Conservazione	보존
Continente	대륙
Geografia	지리학
Ghiacciai	빙하
Ghiaccio	얼음
Isole	섬
Migrazione	이주
Minerali	탄산수
Nuvole	구름
Penisola	반도
Ricercatore	연구원
Roccioso	불안정한
Scientifico	과학적
Spedizione	원정
Temperatura	온도
Topografia	지형

Antiquariato
골동품

Arte	예술
Asta	경매
Autentico	정통
Condizione	조건
Decenni	수십 년
Decorativo	장식
Elegante	우아한
Galleria	갤러리
Insolito	특이한
Investimento	투자
Mobilio	가구
Monete	동전
Prezzo	가격
Qualità	품질
Restauro	복구
Scultura	조각
Secolo	세기
Stile	스타일
Valore	값
Vecchio	오래된

Api
꿀벌

Ali	날개
Alveare	하이브
Benefico	유익한
Cera	밀랍
Cibo	음식
Diversità	다양성
Ecosistema	생태계
Fiori	꽃
Frutta	과일
Fumo	연기
Giardino	정원
Habitat	서식지
Insetto	곤충
Miele	꿀
Piante	식물
Polline	화분
Regina	퀸
Sciame	떼
Sole	태양

Archeologia
고고학

Analisi	분석
Antico	고대
Ceramica	도기
Civiltà	문명
Dimenticato	잊혀진
Discendente	후손
Era	시대
Esperto	전문가
Fossile	화석
Mistero	신비
Oggetti	사물
Ossa	뼈
Professore	교수
Reliquia	유물
Ricercatore	연구원
Squadra	팀
Tempio	절
Tomba	무덤
Valutazione	평가

Arti Visive
비주얼 아트

Architettura	건축학
Argilla	점토
Artista	예술가
Capolavoro	걸작
Carbone	숯
Cavalletto	화가
Cera	밀랍
Ceramica	도기
Composizione	구성
Creatività	창의성
Film	필름
Fotografia	사진
Gesso	분필
Matita	연필
Penna	펜
Prospettiva	관점
Ritratto	초상화
Scultura	조각
Stampino	스텐실
Vernice	바니시

Astronomia
천문학

Asteroide	소행성
Astronauta	우주 비행사
Astronomo	천문학자
Cielo	하늘
Cosmo	코스모스
Costellazione	별자리
Equinozio	춘분
Galassia	은하
Gravità	중력
Luna	달
Meteora	유성
Nebulosa	성운
Osservatorio	전망대
Pianeta	행성
Radiazione	방사
Razzo	로켓
Supernova	초신성
Telescopio	망원경
Terra	지구
Universo	우주

Attività
액티비티

Abilità	기술
Arte	예술
Artigianato	공예
Attività	활동
Caccia	수렵
Campeggio	캠핑
Cucire	재봉
Escursioni	하이킹
Fotografia	사진술
Giardinaggio	원예
Giochi	게임
Interessi	관심사
Lettura	독서
Magia	마법
Maglieria	편물
Pesca	낚시
Piacere	기쁨
Puzzle	퍼즐
Rilassamento	휴식
Tempo Libero	여가

Attività Commerciale
비즈니스

Bilancio	예산
Carriera	경력
Costo	비용
Datore di Lavoro	고용주
Dipendente	직원
Economia	경제학
Fabbrica	공장
Finanza	금융
Investimento	투자
Merce	상품
Negozio	가게
Profitto	이익
Reddito	소득
Sconto	할인
Società	회사
Soldi	돈
Transazione	거래
Ufficio	사무실
Valuta	통화
Vendita	판매

Attività e Tempo Libero
액티비티 및 레저

Arte	예술
Baseball	야구
Basket	농구
Boxe	권투
Calcio	축구
Campeggio	캠핑
Escursioni	하이킹
Giardinaggio	원예
Golf	골프
Hobby	취미
Immersione	다이빙
Nuoto	수영
Pallavolo	배구
Pesca	낚시
Rilassante	휴식
Shopping	쇼핑
Surf	서핑
Tennis	테니스
Viaggio	여행

Avventura
어드벤처

Amici	친구
Attività	활동
Bellezza	아름다움
Coraggio	용감
Destinazione	목적지
Difficoltà	어려움
Entusiasmo	열광
Escursione	소풍
Gioia	기쁨
Insolito	특이한
Itinerario	일정
Natura	자연
Navigazione	항해
Nuovo	새로운
Opportunità	기회
Pericoloso	위험한
Preparazione	준비
Sfide	도전
Sicurezza	안전
Sorprendente	놀라운

Balletto
발레

Applauso	박수
Artistico	예술적
Assolo	독주
Ballerina	발레리나
Ballerini	댄서
Compositore	작곡가
Coreografia	안무
Espressivo	나타내는
Gesto	제스처
Grazioso	우아한
Intensità	강렬함
Muscoli	근육
Musica	음악
Orchestra	오케스트라
Pratica	연습
Prova	리허설
Pubblico	청중
Ritmo	리듬
Stile	스타일
Tecnica	기술

Barbecue
바비큐

Caldo	뜨거운
Cena	저녁 식사
Cibo	음식
Cipolle	양파
Coltelli	칼
Estate	여름
Fame	굶주림
Famiglia	가족
Frutta	과일
Giochi	게임
Griglia	그릴
Insalate	샐러드
Invito	초대
Musica	음악
Pepe	후추
Pollo	닭
Pomodori	토마토
Pranzo	점심
Sale	소금
Salsa	소스

Bellezza
뷰티

Colore	색
Cosmetici	화장품
Elegante	우아한
Eleganza	우아
Fascino	매력
Forbici	가위
Fotogenico	포토제닉
Fragranza	향기
Grazia	은혜
Liscio	매끄러운
Mascara	마스카라
Oli	유화
Pelle	피부
Prodotti	제품
Rossetto	립스틱
Servizi	서비스
Shampoo	샴푸
Specchio	거울
Stilista	문장가

Biologia
생물학

Anatomia	해부
Batteri	박테리아
Cellula	셀
Collagene	콜라겐
Cromosoma	염색체
Embrione	배아
Enzima	효소
Evoluzione	진화
Fotosintesi	광합성
Mammifero	포유류
Mutazione	돌연변이
Naturale	자연스러운
Nervo	신경
Neurone	뉴런
Ormone	호르몬
Osmosi	삼투
Proteina	단백질
Rettile	파충류
Simbiosi	공생
Sinapsi	시냅스

Campeggio
캠핑

Alberi	나무
Amaca	해먹
Animali	동물
Avventura	모험
Bussola	나침반
Cabina	캐빈
Caccia	수렵
Canoa	카누
Cappello	모자
Corda	밧줄
Divertimento	재미
Foresta	숲
Fuoco	불
Insetto	곤충
Lago	호수
Luna	달
Mappa	지도
Montagna	산
Natura	자연
Tenda	텐트

Casa
하우스

Attico	애틱
Biblioteca	도서관
Camera	방
Camino	난로
Cucina	부엌
Doccia	샤워
Finestra	창
Garage	차고
Giardino	정원
Lampada	램프
Parete	벽
Pavimento	바닥
Porta	문
Recinto	울타리
Rubinetto	수도꼭지
Scopa	비
Soffitto	천장
Specchio	거울
Tappeto	깔개
Tetto	지붕

Chimica
화학

Acido	산
Alcalino	알칼리성
Atomico	원자
Calore	열
Carbonio	탄소
Catalizzatore	촉매
Cloro	염소
Elettrone	전자
Enzima	효소
Gas	가스
Idrogeno	수소
Ione	이온
Liquido	액체
Molecola	분자
Nucleare	핵
Organico	유기농
Ossigeno	산소
Peso	무게
Sale	소금
Temperatura	온도

Cibo #1
식품 #1

Aglio	마늘
Basilico	바질
Cannella	계피
Carne	고기
Carota	당근
Cipolla	양파
Fragola	딸기
Insalata	샐러드
Latte	우유
Limone	레몬
Menta	민트
Orzo	보리
Pera	배
Rapa	순무
Sale	소금
Spinaci	시금치
Succo	주스
Tonno	참치
Torta	케이크
Zucchero	설탕

Cibo #2
식품 #2

Banana	바나나
Broccolo	브로콜리
Ciliegia	체리
Cioccolato	초콜릿
Formaggio	치즈
Fungo	버섯
Grano	밀
Kiwi	키위
Mela	사과
Melanzana	가지
Pane	빵
Pesce	물고기
Pollo	닭
Pomodoro	토마토
Prosciutto	햄
Riso	쌀
Sedano	셀러리
Uovo	계란
Uva	포도
Yogurt	요거트

Cioccolato
초콜릿

Amaro	쓴
Antiossidante	항산화제
Arachidi	땅콩
Artigianale	장인
Brama	갈망
Cacao	카카오
Calorie	칼로리
Caramella	사탕
Caramello	캐러멜
Delizioso	맛있는
Dolce	달콤한
Esotico	이국적인
Gusto	맛
Ingrediente	성분
Noce di Cocco	코코넛
Polvere	가루
Preferito	좋아하는
Qualità	품질
Ricetta	레시피
Zucchero	설탕

Città
타운

Aeroporto	공항
Banca	은행
Biblioteca	도서관
Cinema	영화
Clinica	진료소
Farmacia	약국
Fiorista	플로리스트
Galleria	갤러리
Hotel	호텔
Libreria	서점
Mercato	시장
Museo	박물관
Negozio	가게
Panetteria	빵집
Scuola	학교
Stadio	경기장
Supermercato	슈퍼마켓
Teatro	극장
Università	대학
Zoo	동물원

Corpo Umano
인체

Bocca	입
Caviglia	발목
Cervello	뇌
Collo	목
Cuore	심장
Dito	손가락
Faccia	얼굴
Gamba	다리
Ginocchio	무릎
Gomito	팔꿈치
Mano	손
Mento	턱
Naso	코
Occhio	눈
Orecchio	귀
Pelle	피부
Sangue	피
Spalla	어깨
Stomaco	위
Testa	머리

Creatività
창의성

Abilità	기술
Artistico	예술적
Autenticità	확실성
Chiarezza	선명도
Drammatico	극적인
Emozioni	감정
Espressione	식
Fluidità	유동성
Idee	아이디어
Immaginazione	상상력
Immagine	영상
Impressione	인상
Intensità	강렬함
Intuizione	직관
Inventivo	발명
Ispirazione	영감
Sensazione	감각
Spontaneo	자발적인
Visioni	비전
Vitalità	활력

Cucina
키친

Bacchette	젓가락
Brocca	주전자
Cibo	음식
Ciotola	그릇
Coltelli	칼
Congelatore	냉동고
Cucchiai	숟가락
Forchette	포크
Forno	오븐
Frigorifero	냉장고
Grembiule	앞치마
Griglia	그릴
Mestolo	국자
Ricetta	레시피
Spezie	향신료
Spugna	스펀지
Tazze	컵
Tovagliolo	냅킨
Vaso	항아리

Diplomazia
외교

Ambasciata	대사관
Ambasciatore	대사
Cittadini	시민
Comunità	커뮤니티
Conflitto	갈등
Consigliere	고문
Cooperazione	협력
Diplomatico	외교
Discussione	토론
Etica	윤리학
Giustizia	정의
Governo	정부
Integrità	무결성
Lingue	언어
Politica	정치
Risoluzione	해결
Sicurezza	보안
Soluzione	해결책
Trattato	조약
Umanitario	인도주의

Discipline Scientifiche
과학 분야

Anatomia	해부
Archeologia	고고학
Astronomia	천문학
Biochimica	생화학
Biologia	생물학
Botanica	식물학
Chimica	화학
Ecologia	생태학
Fisiologia	생리학
Geologia	지질학
Immunologia	면역학
Linguistica	언어학
Meccanica	역학
Meteorologia	기상학
Mineralogia	광물학
Neurologia	신경학
Psicologia	심리학
Sociologia	사회학
Termodinamica	열역학
Zoologia	동물학

Ecologia
생태학

Clima	기후
Comunità	커뮤니티
Diversità	다양성
Fauna	동물군
Flora	플로라
Globale	글로벌
Habitat	서식지
Marino	선박
Montagne	산
Natura	자연
Naturale	자연스러운
Palude	습지
Piante	식물
Risorse	자원
Siccità	가뭄
Sopravvivenza	생존
Sostenibile	지속 가능한
Specie	종
Varietà	종류
Vegetazione	초목

Edifici
건물

Ambasciata	대사관
Appartamento	아파트
Cabina	캐빈
Castello	성
Cinema	영화
Fabbrica	공장
Fienile	헛간
Hotel	호텔
Laboratorio	실험실
Museo	박물관
Ospedale	병원
Osservatorio	전망대
Ostello	호스텔
Scuola	학교
Stadio	경기장
Supermercato	슈퍼마켓
Teatro	극장
Tenda	텐트
Torre	탑
Università	대학

Elettricità
전기

Attrezzatura	장비
Batteria	배터리
Cavo	케이블
Conservazione	저장
Elettricista	전공
Elettrico	전기
Fili	전선
Generatore	발전기
Lampada	램프
Laser	레이저
Magnete	자석
Negativo	부정적인
Oggetti	사물
Positivo	긍정적 인
Presa	소켓
Quantità	양
Rete	회로망
Telefono	전화
Televisione	텔레비전

Energia
에너지

Ambiente	환경
Batteria	배터리
Benzina	가솔린
Calore	열
Carbonio	탄소
Carburante	연료
Diesel	디젤
Elettrico	전기
Elettrone	전자
Entropia	엔트로피
Fotone	광자
Idrogeno	수소
Industria	산업
Inquinamento	오염
Motore	모터
Nucleare	핵
Rinnovabile	재생 가능
Turbina	터빈
Vapore	증기
Vento	바람

Erboristeria
약초학

Aglio	마늘
Aneto	딜
Aromatico	방향족
Basilico	바질
Culinario	요리
Dragoncello	타라곤
Finocchio	회향
Fiore	꽃
Giardino	정원
Ingrediente	성분
Lavanda	라벤더
Maggiorana	마조람
Menta	민트
Origano	오레가노
Prezzemolo	파슬리
Qualità	품질
Rosmarino	로즈마리
Timo	백리향
Verde	녹색
Zafferano	사프란

Escursionismo
하이킹

Acqua	물
Animali	동물
Campeggio	캠핑
Clima	기후
Guide	가이드
Mappa	지도
Montagna	산
Natura	자연
Orientamento	정위
Parchi	공원
Pericoli	위험
Pesante	무거운
Pietre	돌
Preparazione	준비
Scogliera	낭떠러지
Selvaggio	야생
Sole	태양
Stanco	피곤한
Stivali	부츠
Vertice	서밋

Etica
윤리학

Altruismo	이타주의
Compassione	연민
Cooperazione	협력
Dignità	존엄성
Diplomatico	외교
Filosofia	철학
Gentilezza	친절
Individualismo	개인주의
Integrità	무결성
Onestà	정직
Ottimismo	낙천주의
Pazienza	인내
Ragionevole	합리적인
Razionalità	합리성
Realismo	리얼리즘
Saggezza	지혜
Tolleranza	공차
Umanità	인류
Valori	값

Famiglia
패밀리

Antenato	선조
Bambini	어린이
Bambino	아이
Cugino	사촌
Figlia	딸
Fratello	형
Infanzia	어린 시절
Madre	어머니
Marito	남편
Materno	모성
Moglie	아내
Nipote	조카
Nipote	손자
Nonna	할머니
Nonno	할아버지
Padre	아버지
Paterno	부계
Sorella	자매
Zia	이모
Zio	삼촌

Fantascienza
사이언스 픽션

Atomico	원자
Cinema	영화
Cloni	클론
Distopia	디스토피아
Esplosione	폭발
Fantastico	환상적인
Fuoco	불
Futuristico	미래
Galassia	은하
Illusione	환상
Immaginario	상상의
Libri	책
Misterioso	신비한
Mondo	세계
Oracolo	오라클
Pianeta	행성
Robot	로봇
Scenario	대본
Tecnologia	기술
Utopia	유토피아

Fattoria #1
농장 #1

Acqua	물
Agricoltura	농업
Ape	벌
Asino	당나귀
Campo	들
Cane	개
Capra	염소
Cavallo	말
Fertilizzante	비료
Fieno	건초
Gatto	고양이
Gregge	무리
Maiale	돼지
Miele	꿀
Mucca	소
Pollo	닭
Recinto	울타리
Riso	쌀
Semi	씨앗
Vitello	송아지

Fattoria #2
농장 #2

Agnello	양고기
Agricoltore	농부
Alveare	벌집
Anatra	오리
Animali	동물
Cibo	음식
Fienile	헛간
Frutta	과일
Frutteto	과수원
Grano	밀
Irrigazione	관개
Lama	라마
Latte	우유
Mais	옥수수
Oche	거위
Orzo	보리
Pastore	목자
Pecora	양
Prato	목초지
Trattore	트랙터

Filantropia
자선 활동

Bambini	어린이
Bisogno	필요
Carità	자선
Comunità	커뮤니티
Contatti	연락처
Finanza	금융
Fondi	자금
Generosità	관대
Gioventù	청소년
Globale	글로벌
Gruppi	그룹
Missione	사명
Obiettivi	목표
Onestà	정직
Persone	사람들
Programmi	프로그램
Pubblico	공공의
Sfide	도전
Storia	역사
Umanità	인류

Fiori
꽃

Dente di Leone	민들레
Gardenia	치자
Gelsomino	재스민
Giglio	백합
Girasole	해바라기
Ibisco	히비스커스
Lavanda	라벤더
Lilla	라일락
Magnolia	목련
Margherita	데이지
Mazzo	꽃다발
Narciso	수선화
Orchidea	난초
Papavero	양귀비
Peonia	모란
Petalo	꽃잎
Plumeria	플루메리아
Rosa	장미
Trifoglio	클로버
Tulipano	튤립

Fisica
물리학

Accelerazione	가속
Atomo	원자
Caos	혼돈
Chimico	화학
Densità	밀도
Elettrone	전자
Espansione	확장
Formula	수식
Frequenza	빈도
Gas	가스
Gravità	중력
Magnetismo	자기
Meccanica	역학
Molecola	분자
Motore	엔진
Nucleare	핵
Particella	입자
Relatività	상대성
Variabile	변수
Velocità	속도

Foresta Pluviale
열대 우림

Anfibi	양서류
Botanico	식물
Clima	기후
Comunità	커뮤니티
Diversità	다양성
Giungla	밀림
Insetti	곤충
Mammiferi	포유류
Muschio	이끼
Natura	자연
Nuvole	구름
Preservazione	보존
Prezioso	귀중한
Restauro	복구
Rifugio	피난
Rispetto	존중
Sopravvivenza	생존
Specie	종
Uccelli	조류

Forme
셰이프

Angolo	모서리
Arco	호
Bordi	가장자리
Cerchio	원
Cilindro	실린더
Cono	원뿔
Cubo	입방체
Curva	곡선
Ellisse	타원
Iperbole	쌍곡선
Lato	측면
Linea	선
Ovale	타원형
Piramide	피라미드
Poligono	다각형
Prisma	프리즘
Quadrato	정사각형
Rettangolo	직사각형
Sfera	구체
Triangolo	삼각형

Forniture Artistiche
미술 용품

Acqua	물
Acquerelli	수채화
Acrilico	아크릴
Argilla	점토
Carbone	숯
Carta	종이
Cavalletto	화가
Colla	접착제
Colori	색상
Creatività	창의성
Gomma	지우개
Idee	아이디어
Inchiostro	잉크
Matite	연필
Olio	기름
Pastelli	파스텔
Sedia	의자
Spazzole	브러쉬
Tavolo	표
Telecamera	카메라

Frutta
과일

Albicocca	살구
Ananas	파인애플
Arancia	오렌지
Avocado	아보카도
Bacca	베리
Banana	바나나
Ciliegia	체리
Kiwi	키위
Lampone	라즈베리
Limone	레몬
Mango	망고
Mela	사과
Melone	멜론
Mora	블랙베리
Nettarina	천도 복숭아
Papaia	파파야
Pera	배
Pesca	복숭아
Prugna	자두
Uva	포도

Geografia
지리학

Altitudine	고도
Atlante	아틀라스
Città	도시
Continente	대륙
Emisfero	반구
Fiume	강
Isola	섬
Latitudine	위도
Longitudine	경도
Mappa	지도
Mare	바다
Meridiano	자오선
Mondo	세계
Montagna	산
Nord	북쪽
Ovest	서쪽
Paese	국가
Regione	지역
Sud	남쪽
Territorio	영토

Geologia
지질학

Acido	산
Altopiano	고원
Calcio	칼슘
Caverna	동굴
Continente	대륙
Corallo	산호
Cristalli	크리스탈
Erosione	부식
Fossile	화석
Geyser	간헐천
Lava	용암
Minerali	탄산수
Pietra	돌
Quarzo	석영
Sale	소금
Stalagmiti	석순
Stalattite	종유석
Strato	층
Terremoto	지진
Vulcano	화산

Geometria
지오메트리

Altezza	키
Angolo	각도
Calcolo	계산
Cerchio	원
Curva	곡선
Diametro	지름
Dimensione	치수
Equazione	방정식
Logica	논리
Mediano	중앙값
Numero	수
Orizzontale	수평
Parallelo	평행
Proporzione	비율
Segmento	분절
Simmetria	대칭
Superficie	표면
Teoria	이론
Triangolo	삼각형
Verticale	세로

Giardinaggio
원예

Acqua	물
Botanico	식물
Clima	기후
Commestibile	식용
Compost	퇴비
Contenitore	컨테이너
Esotico	이국적인
Fiorire	꽃
Floreale	플로랄
Fogliame	잎
Frutteto	과수원
Mazzo	꽃다발
Semi	씨앗
Specie	종
Sporco	흙
Stagionale	계절
Suolo	토양
Tubo	호스
Umidità	수분

Giardino
가든

Albero	나무
Amaca	해먹
Cespuglio	부시
Erba	잔디
Erbacce	잡초
Fiore	꽃
Frutteto	과수원
Garage	차고
Giardino	정원
Pala	삽
Panca	벤치
Portico	현관
Rastrello	갈퀴
Recinto	울타리
Rocce	바위
Stagno	연못
Suolo	토양
Terrazza	테라스
Trampolino	트램폴린
Tubo	호스

Governo
정부

Capo	지도자
Cittadinanza	시민권
Civile	시민
Costituzione	헌법
Democrazia	민주주의
Discorso	연설
Discussione	토론
Giudiziario	사법
Giustizia	정의
Indipendenza	독립
Legge	법
Libertà	자유
Monumento	기념물
Nazione	국가
Politica	정치
Potenza	힘
Quartiere	지구
Simbolo	상징
Stato	상태
Uguaglianza	평등

Guida
드라이빙

Attenzione	주의
Auto	차
Autobus	버스
Carburante	연료
Freni	브레이크
Garage	차고
Gas	가스
Incidente	사고
Licenza	특허
Mappa	지도
Moto	오토바이
Motore	모터
Pedonale	보행자
Pericolo	위험
Polizia	경찰
Sicurezza	안전
Strada	도로
Traffico	교통
Tunnel	터널
Velocità	속도

I Media
더 미디어

Atteggiamenti	태도
Commerciale	광고
Comunicazione	통신
Digitale	디지털
Edizione	판
Educazione	교육
Fatti	사실
Finanziamento	자금 조달
Foto	사진
Giornali	신문
Individuale	개인
Industria	산업
Intellettuale	지적인
Locale	로컬
Online	온라인
Opinione	의견
Pubblico	공공의
Radio	라디오
Rete	회로망
Televisione	텔레비전

Imbarcazioni
보트

Albero	돛대
Ancora	닻
Barca a Vela	범선
Boa	부표
Canoa	카누
Corda	밧줄
Equipaggio	승무원
Fiume	강
Kayak	카약
Lago	호수
Mare	바다
Marea	조류
Marinaio	선원
Motore	엔진
Nautico	해상
Oceano	대양
Onde	파도
Traghetto	나룻배
Yacht	요트
Zattera	뗏목

Ingegneria
엔지니어링

Angolo	각도
Asse	축
Calcolo	계산
Costruzione	건설
Diagramma	도표
Diametro	지름
Diesel	디젤
Distribuzione	분포
Energia	에너지
Forza	힘
Ingranaggi	기어
Liquido	액체
Macchina	기계
Misurazione	측정
Motore	모터
Profondità	깊이
Propulsione	추진
Rotazione	회전
Stabilità	안정성
Struttura	구조

Jazz
재즈

Album	앨범
Applauso	박수
Artista	예술가
Canzone	노래
Compositore	작곡가
Composizione	구성
Concerto	콘서트
Enfasi	강조
Famoso	유명한
Genere	장르
Improvvisazione	즉흥 연주
Musica	음악
Nuovo	새로운
Orchestra	오케스트라
Preferiti	즐겨찾기
Ritmo	리듬
Stile	스타일
Talento	재능
Tecnica	기술
Vecchio	오래된

Letteratura
문학

Analisi	분석
Analogia	유추
Aneddoto	일화
Autore	저자
Biografia	전기
Conclusione	결론
Confronto	비교
Descrizione	설명
Dialogo	대화
Genere	장르
Metafora	은유
Opinione	의견
Poesia	시
Poetico	시적
Rima	운
Ritmo	리듬
Romanzo	소설
Stile	스타일
Tema	주제
Tragedia	비극

Libri
도서

Autore	저자
Avventura	모험
Collezione	수집
Contesto	문맥
Dualità	이중성
Epico	서사시
Inventivo	발명
Letterario	문학
Lettore	리더
Narratore	내레이터
Pagina	페이지
Poesia	시
Rilevante	관련
Romanzo	소설
Scritto	서면
Serie	시리즈
Storia	이야기
Storico	역사적인
Tragico	비참한
Umoristico	재미있는

Malattia
질병

Acuto	급성
Addominale	복부
Allergie	알레르기
Corpo	몸
Cronico	만성
Cuore	심장
Debole	약한
Ereditario	유전
Genetico	유전적
Immunità	면역
Infiammazione	염증
Lombare	요추
Ossa	뼈
Polmonare	폐
Respiratorio	호흡기
Salute	건강
Seno	공동
Sindrome	증후군
Terapia	요법

Mammiferi
포유류

Balena	고래
Cane	개
Canguro	캥거루
Cavallo	말
Cervo	사슴
Coniglio	토끼
Coyote	코요테
Delfino	돌고래
Elefante	코끼리
Gatto	고양이
Giraffa	기린
Gorilla	고릴라
Leone	사자
Lupo	늑대
Orso	곰
Pecora	양
Scimmia	원숭이
Toro	황소
Volpe	여우
Zebra	얼룩말

Matematica
수학

Angoli	각도
Aritmetica	산수
Decimale	십진수
Diametro	지름
Equazione	방정식
Esponente	몃지수
Frazione	분수
Geometria	기하학
Numeri	숫자
Parallelo	평행
Parallelogramma	평행사변형
Perimetro	둘레
Perpendicolare	수직
Poligono	다각형
Quadrato	정사각형
Raggio	반지름
Rettangolo	직사각형
Simmetria	대칭
Triangolo	삼각형
Volume	음량

Meditazione
명상

Accettazione	수락
Attenzione	주의
Chiarezza	선명도
Compassione	연민
Emozioni	감정
Felicità	행복
Gentilezza	친절
Gratitudine	감사
Mentale	정신
Mente	마음
Movimento	운동
Musica	음악
Natura	자연
Osservazione	관찰
Pace	평화
Pensieri	생각
Postura	자세
Prospettiva	관점
Respirazione	호흡
Silenzio	침묵

Meteo
날씨

Arcobaleno	무지개
Asciutto	마른
Atmosfera	분위기
Brezza	미풍
Cielo	하늘
Clima	기후
Fulmine	번개
Ghiaccio	얼음
Monsone	우기
Nebbia	안개
Nube	구름
Polare	극선
Siccità	가뭄
Temperatura	온도
Tempesta	폭풍
Tornado	토네이도
Tropicale	열대
Tuono	천둥
Uragano	허리케인
Vento	바람

Misurazioni
측정값

Altezza	키
Byte	바이트
Centimetro	센티미터
Chilogrammo	킬로그램
Chilometro	킬로미터
Decimale	십진수
Grado	정도
Grammo	그램
Larghezza	너비
Litro	리터
Lunghezza	길이
Metro	미터
Minuto	분
Oncia	온스
Peso	무게
Pinta	파인트
Pollice	인치
Profondità	깊이
Tonnellata	톤
Volume	음량

Mitologia
신화

Archetipo	원형
Comportamento	행동
Creatura	생물
Creazione	창조
Credenze	신념
Cultura	문화
Disastro	재해
Divinità	신
Eroe	영웅
Forza	힘
Fulmine	번개
Gelosia	질투
Guerriero	전사
Immortalità	불사
Labirinto	미궁
Leggenda	전설
Magico	마법의
Mostro	괴물
Tuono	천둥
Vendetta	복수

Moda
패션

Abbigliamento	의류
Boutique	부티크
Caro	비싼
Elegante	우아한
Minimalista	미니멀리스트
Misure	측정
Modello	무늬
Moderno	현대
Modesto	겸손한
Originale	원본
Pizzo	레이스
Pratico	실용적인
Pulsanti	버튼
Ricamo	자수
Semplice	간단한
Sofisticato	정교한
Stile	스타일
Tendenza	경향
Trama	조직

Musica
음악

Album	앨범
Armonia	조화
Armonico	고조파
Ballata	민요
Cantante	가수
Cantare	노래
Classico	고전
Coro	합창
Lirico	서정적
Melodia	멜로디
Microfono	마이크
Musicale	뮤지컬
Musicista	음악가
Opera	오페라
Poetico	시적
Registrazione	녹음
Ritmico	리듬
Strumento	악기
Tempo	속도
Vocale	보컬

Natura
네이처

Animali	동물
Api	꿀벌
Artico	북극
Bellezza	아름다움
Deserto	사막
Dinamico	동적
Erosione	부식
Fiume	강
Fogliame	잎
Foresta	숲
Ghiacciaio	빙하
Montagne	산
Nebbia	안개
Nuvole	구름
Santuario	성역
Scogliere	절벽
Selvaggio	야생
Sereno	고요한
Tropicale	열대

Numeri
숫자

Cinque	다섯
Decimale	십진수
Diciannove	열아홉
Diciassette	열일곱
Diciotto	십팔
Dieci	십
Dodici	열두
Due	두
Nove	아홉
Otto	여덟
Quattordici	십사
Quattro	포
Quindici	열 다섯
Sedici	식스틴
Sei	여섯
Sette	일곱
Tre	삼
Tredici	열셋
Venti	스물
Zero	영

Nutrizione
영양

Amaro	쓴
Appetito	식욕
Bilanciato	균형 잡힌
Calorie	칼로리
Carboidrati	탄수화물
Commestibile	식용
Dieta	다이어트
Digestione	소화
Fermentazione	발효
Liquidi	액체
Nutriente	영양소
Peso	무게
Proteine	단백질
Qualità	품질
Salsa	소스
Salute	건강
Sano	건강한
Spezie	향신료
Tossina	독소
Vitamina	비타민

Oceano
바다

Anguilla	장어
Balena	고래
Barca	배
Corallo	산호
Delfino	돌고래
Gamberetto	새우
Granchio	게
Maree	조수
Medusa	해파리
Onde	파도
Ostrica	굴
Pesce	물고기
Polpo	문어
Sale	소금
Scogliera	암초
Spugna	스펀지
Squalo	상어
Tartaruga	거북이
Tempesta	폭풍
Tonno	참치

Paesaggi
풍경

Cascata	폭포
Collina	언덕
Deserto	사막
Fiume	강
Geyser	간헐천
Ghiacciaio	빙하
Grotta	동굴
Iceberg	빙산
Isola	섬
Lago	호수
Mare	바다
Montagna	산
Oasi	오아시스
Oceano	대양
Palude	늪
Penisola	반도
Spiaggia	해변
Tundra	동토대
Valle	골짜기
Vulcano	화산

Paesi #1
국가 #1

Brasile	브라질
Cambogia	캄보디아
Canada	캐나다
Egitto	이집트
Finlandia	핀란드
Germania	독일
India	인도
Iraq	이라크
Israele	이스라엘
Libia	리비아
Mali	말리
Marocco	모로코
Norvegia	노르웨이
Panama	파나마
Polonia	폴란드
Romania	루마니아
Senegal	세네갈
Spagna	스페인
Venezuela	베네수엘라
Vietnam	베트남

Paesi #2
국가 #2

Albania	알바니아
Danimarca	덴마크
Etiopia	에티오피아
Giamaica	자메이카
Giappone	일본
Grecia	그리스
Haiti	아이티
Indonesia	인도네시아
Irlanda	아일랜드
Laos	라오스
Liberia	라이베리아
Messico	멕시코
Nepal	네팔
Nigeria	나이지리아
Pakistan	파키스탄
Russia	러시아
Siria	시리아
Sudan	수단
Ucraina	우크라이나
Uganda	우간다

Piante
식물

Albero	나무
Bacca	베리
Bambù	대나무
Botanica	식물학
Cactus	선인장
Cespuglio	부시
Crescere	성장하다
Edera	아이비
Erba	잔디
Fagiolo	콩
Fertilizzante	비료
Fiore	꽃
Flora	플로라
Fogliame	잎
Foresta	숲
Giardino	정원
Muschio	이끼
Petalo	꽃잎
Radice	뿌리
Vegetazione	초목

Professioni #1
직업 #1

Allenatore	코치
Ambasciatore	대사
Artista	예술가
Astronomo	천문학자
Avvocato	변호사
Ballerino	댄서
Banchiere	은행가
Cacciatore	사냥꾼
Cartografo	지도 제작자
Editore	편집자
Farmacista	약사
Geologo	지질학자
Gioielliere	보석상
Idraulico	배관공
Infermiera	간호사
Musicista	음악가
Pianista	피아니스트
Psicologo	심리학자
Scienziato	과학자
Veterinario	수의사

Professioni #2
직업 #2

Astronauta	우주 비행사
Bibliotecario	사서
Biologo	생물학자
Chirurgo	외과 의사
Dentista	치과 의사
Filosofo	철학자
Fotografo	사진 작가
Giardiniere	정원사
Giornalista	기자
Illustratore	일러스트레이터
Ingegnere	엔지니어
Insegnante	선생님
Inventore	발명자
Investigatore	조사관
Linguista	언어학자
Medico	의사
Pilota	조종사
Pittore	화가
Ricercatore	연구원
Zoologo	동물학자

Psicologia
심리학

Appuntamento	약속
Clinico	임상
Cognizione	인식
Comportamento	행동
Conflitto	갈등
Ego	자아
Emozioni	감정
Esperienze	경험
Idee	아이디어
Inconscio	무의식
Infanzia	어린 시절
Influenze	영향
Pensieri	생각
Percezione	지각
Personalità	인격
Problema	문제
Realtà	현실
Sensazione	감각
Terapia	요법
Valutazione	평가

Riscaldamento Globale
지구 온난화

Ambientale	환경
Artico	북극
Attenzione	주의
Clima	기후
Crisi	위기
Dati	데이터
Energia	에너지
Futuro	미래
Gas	가스
Generazioni	세대
Governo	정부
Habitat	서식지
Industria	산업
Internazionale	국제
Legislazione	입법
Ora	지금
Popolazioni	인구
Scienziato	과학자
Sviluppo	개발
Temperature	온도

Ristorante #2
레스토랑 #2

Acqua	물
Aperitivo	전채
Bevanda	음료
Cameriere	웨이터
Cena	저녁 식사
Cucchiaio	숟가락
Delizioso	맛있는
Forchetta	포크
Frutta	과일
Ghiaccio	얼음
Insalata	샐러드
Minestra	수프
Pesce	물고기
Pranzo	점심
Sale	소금
Sedia	의자
Spezie	향신료
Torta	케이크
Verdure	채소

Salute e Benessere #1
건강 및 웰빙 #1

Abitudine	습관
Altezza	키
Attivo	활동적인
Batteri	박테리아
Clinica	진료소
Fame	굶주림
Farmacia	약국
Frattura	골절
Medicina	약
Medico	의사
Muscoli	근육
Nervi	신경
Ormoni	호르몬
Pelle	피부
Postura	자세
Riflesso	반사
Rilassamento	휴식
Terapia	요법
Trattamento	치료
Virus	바이러스

Salute e Benessere #2
건강 및 웰빙 #2

Allergia	알레르기
Anatomia	해부
Appetito	식욕
Caloria	칼로리
Corpo	몸
Dieta	다이어트
Digestione	소화
Disidratazione	탈수
Energia	에너지
Genetica	유전학
Igiene	위생
Infezione	감염
Malattia	질병
Massaggio	마사지
Nutrizione	영양
Ospedale	병원
Peso	무게
Sangue	피
Sano	건강한
Vitamina	비타민

Scacchi
체스

Avversario	상대
Bianco	하얀
Campione	챔피언
Concorso	대회
Diagonale	대각선
Giocatore	플레이어
Gioco	게임
Intelligente	영리한
Nero	블랙
Passivo	수동태
Re	왕
Regina	퀸
Regole	규칙
Sacrificio	희생
Sfide	도전
Strategia	전략
Tempo	시각
Torneo	토너먼트

Scienza
과학

Atomo	원자
Chimico	화학
Clima	기후
Dati	데이터
Esperimento	실험
Evoluzione	진화
Fatto	사실
Fisica	물리학
Fossile	화석
Gravità	중력
Ipotesi	가설
Laboratorio	실험실
Metodo	방법
Minerali	탄산수
Molecole	분자
Natura	자연
Organismo	유기체
Osservazione	관찰
Particelle	입자
Scienziato	과학자

Spezie
향신료

Aglio	마늘
Amaro	쓴
Anice	아니스
Cannella	계피
Cardamomo	카르다몸
Cipolla	양파
Coriandolo	고수풀
Cumino	커민
Curcuma	심황
Curry	카레
Dolce	달콤한
Finocchio	회향
Liquirizia	감초
Noce Moscata	육두구
Paprika	파프리카
Pepe	후추
Sale	소금
Vaniglia	바닐라
Zafferano	사프란
Zenzero	생강

Sport
스포츠

Allenatore	코치
Atleta	선수
Capacità	능력
Ciclismo	사이클링
Corpo	몸
Danza	춤
Dieta	다이어트
Forza	힘
Jogging	조깅
Massimizzare	최대화
Muscoli	근육
Nutrizione	영양
Obiettivo	골
Ossa	뼈
Programma	프로그램
Resistenza	지구력
Salute	건강
Sportivo	스포츠
Stretching	스트레칭

Strumenti Musicali
악기

Armonica	하모니카
Arpa	하프
Banjo	밴조
Chitarra	기타
Clarinetto	클라리넷
Fagotto	바순
Flauto	플루트
Gong	징
Mandolino	만돌린
Marimba	마림바
Oboe	오보에
Percussione	타악기
Pianoforte	피아노
Sassofono	색소폰
Tamburello	탬버린
Tamburo	북
Tromba	트럼펫
Trombone	트롬본
Violino	바이올린
Violoncello	첼로

Tecnologia
기술

Blog	블로그
Browser	브라우저
Byte	바이트
Computer	컴퓨터
Cursore	커서
Dati	데이터
Digitale	디지털
File	파일
Font	글꼴
Internet	인터넷
Messaggio	메시지
Ricerca	연구
Schermo	화면
Sicurezza	보안
Software	소프트웨어
Statistiche	통계
Telecamera	카메라
Virtuale	가상
Virus	바이러스

Tempo
시간

Anno	년
Annuale	연간
Calendario	달력
Decennio	십년
Dopo	후
Futuro	미래
Giorno	일
Ieri	어제
Mattina	아침
Mese	월
Mezzogiorno	정오
Minuto	분
Notte	밤
Oggi	오늘
Ora	시간
Orologio	시계
Presto	곧
Prima	전에
Secolo	세기
Settimana	주

Tipi di Capelli
헤어 타입

Argento	은
Asciutto	마른
Bianco	하얀
Biondo	금발
Breve	짧은
Calvo	대머리
Grigio	회색
Intrecciato	꼰
Liscio	매끄러운
Lucido	빛나는
Lungo	긴
Marrone	갈색
Morbido	부드러운
Nero	블랙
Riccio	곱슬
Sano	건강한
Sottile	얇은
Spessore	두꺼운
Trecce	머리띠

Uccelli
새들

Airone	헤론
Anatra	오리
Aquila	독수리
Cicogna	황새
Cigno	백조
Cuculo	뻐꾸기
Falco	매
Fenicottero	플라밍고
Gabbiano	갈매기
Oca	거위
Pappagallo	앵무새
Passero	참새
Pavone	공작
Pellicano	펠리컨
Piccione	비둘기
Pinguino	펭귄
Pollo	닭
Struzzo	타조
Tucano	부리새
Uovo	계란

Universo
유니버스

Asteroide	소행성
Astronomia	천문학
Astronomo	천문학자
Atmosfera	분위기
Buio	어둠
Celeste	천상의
Cielo	하늘
Cosmico	우주
Emisfero	반구
Galassia	은하
Latitudine	위도
Longitudine	경도
Luna	달
Orbita	궤도
Orizzonte	수평선
Solare	태양
Solstizio	지점
Telescopio	망원경
Visibile	보이는
Zodiaco	조디악

Vacanze #2
휴가 #2

Aeroporto	공항
Campeggio	캠핑
Destinazione	목적지
Foto	사진
Hotel	호텔
Isola	섬
Mappa	지도
Mare	바다
Passaporto	여권
Ristorante	식당
Spiaggia	해변
Straniero	외국인
Taxi	택시
Tempo Libero	여가
Tenda	텐트
Trasporto	교통
Treno	기차
Vacanza	휴일
Viaggio	여행
Visto	비자

Veicoli
차량

Aereo	비행기
Ambulanza	구급차
Auto	차
Autobus	버스
Barca	배
Bicicletta	자전거
Camion	트럭
Caravan	캐러밴
Elicottero	헬리콥터
Metropolitana	지하철
Motore	모터
Pneumatici	타이어
Razzo	로켓
Scooter	스쿠터
Sottomarino	잠수함
Taxi	택시
Traghetto	나룻배
Trattore	트랙터
Treno	기차
Zattera	뗏목

Verdure
야채

Aglio	마늘
Broccolo	브로콜리
Carciofo	아티초크
Carota	당근
Cetriolo	오이
Cipolla	양파
Fungo	버섯
Insalata	샐러드
Melanzana	가지
Patata	감자
Pisello	완두콩
Pomodoro	토마토
Prezzemolo	파슬리
Rapa	순무
Ravanello	무
Scalogno	샬롯
Sedano	셀러리
Spinaci	시금치
Zenzero	생강
Zucca	호박

Vestiti
의류

Abito	드레스
Braccialetto	팔찌
Camicetta	블라우스
Camicia	셔츠
Cappello	모자
Cappotto	코트
Cintura	벨트
Collana	목걸이
Giacca	재킷
Gonna	치마
Grembiule	앞치마
Guanti	장갑
Jeans	청바지
Maglione	스웨터
Moda	패션
Pantaloni	바지
Pigiama	잠옷
Sandali	샌들
Scarpa	구두
Sciarpa	스카프

Congratulazioni

Ce l'hai fatta!

Speriamo che questo libro vi sia piaciuto tanto quanto a noi è piaciuto concepirlo. Ci sforziamo di creare libri della più alta qualità possibile.
Questa edizione è progettata per fornire un apprendimento intelligente, di qualità e divertente!

Le è piaciuto questo libro?

Una Semplice Richiesta

Questi libri esistono grazie alle recensioni che pubblicate.

Puoi aiutarci lasciando una recensione
ora a questo link ?

BestBooksActivity.com/Recensioni50

SFIDA FINALE!

Sfida n°1

Sei pronto per il tuo gioco gratuito? Li usiamo sempre, ma non sono così facili da trovare - ecco i **Sinonimi!**

Scrivi 5 parole che hai trovato nei puzzle (n° 21, n° 36, n° 76) e prova a trovare 2 sinonimi per ogni parola.

Scrivi 5 parole del *Puzzle 21*

Parole	Sinonimo 1	Sinonimo 2

Scrivi 5 parole del *Puzzle 36*

Parole	Sinonimo 1	Sinonimo 2

Scrivi 5 parole del *Puzzle 76*

Parole	Sinonimo 1	Sinonimo 2

Sfida n°2

Ora che ti sei riscaldato, scrivi 5 parole che hai trovato nei puzzle n° 9, n° 17 e n° 25 e cerca di trovare 2 contrari per ogni parola. Quanti ne puoi trovare in 20 minuti?

Scrivi 5 parole del **Puzzle 9**

Parole	Antonimo 1	Antonimo 2

Scrivi 5 parole del **Puzzle 17**

Parole	Antonimo 1	Antonimo 2

Scrivi 5 parole del **Puzzle 25**

Parole	Antonimo 1	Antonimo 2

Sfida n°3

Grande! Questa sfida non è niente per te!

Pronto per la sfida finale? Scegli 10 parole che hai scoperto nei diversi puzzle e scrivile qui sotto.

1.		6.	
2.		7.	
3.		8.	
4.		9.	
5.		10.	

Ora scrivi un testo pensando a una persona, un animale o un luogo che ti piace.

Puoi usare l'ultima pagina di questo libro come bozza.

La tua composizione:

TACCUINO:

A PRESTO!

Tutta la Squadra

www.ingramcontent.com/pod-product-compliance
Lightning Source LLC
Chambersburg PA
CBHW082044120626
46553CB00011B/3278